家風微阅读

成云雷 著

山东人民出版社
国家一级出版社 全国百佳图书出版单位

图书在版编目（CIP）数据

家风微阅读 / 成云雷著. -- 济南 ：山东人民出版社，2016.11（2022.7重印）
ISBN 978-7-209-10073-1

Ⅰ.①家… Ⅱ.①成… Ⅲ.①家庭道德－中国－通俗读物 Ⅳ. ①B823.1-49

中国版本图书馆CIP数据核字(2016)第230272号

家风微阅读

成云雷　著

主管单位　山东出版传媒股份有限公司
出版发行　山东人民出版社
社　　址　济南市市中区舜耕路517号
邮　　编　250003
电　　话　总编室（0531）82098914
　　　　　市场部（0531）82098027
网　　址　http://www.sd-book.com.cn
印　　装　青岛国彩印刷股份有限公司
经　　销　新华书店

规　　格　32开（148mm×210mm）
印　　张　8
字　　数　140千字
版　　次　2016年11月第1版
印　　次　2022年7月第8次
印　　数　60001—65000
ISBN 978-7-209-10073-1
定　　价　25.00元

前言

习近平总书记说："不论时代发生多大变化，不论生活格局发生多大变化，我们都要重视家庭建设，注重家庭、注重家教、注重家风。"在家庭建设中，家风的培育和传承尤为重要。在当今社会，如何传承和普及中华好家风？本书采取的是讲故事的方式。在新媒体时代，"微阅读"是最受欢迎的阅读形式。一则则小故事，文字简短却轻松、活泼，努力给读者带来愉快的阅读体验。把中国数千年的家风智慧以故事的形式传播，读者可以利用零碎时间随便翻翻，效率高且效果好，积微成著，不仅有利于个人心灵境界的提升，也有利于移风易俗、改善社会风气。

全书共分十个板块：

"孝亲"是孝老爱亲。以感恩之心善待父母，回报祖先，是建设家风的起点。

"齐家"是修身齐家。以嘉言懿行引导家人和睦相处，既包括夫妻之间的相敬如宾，也包括兄弟乃至族人之间的互敬互爱。

“教子”是以道教子。良好家风世代相传，既包括严父对子女的教育，也包括贤母对子女的教育。

“积善”是积善成德。由善待邻人，而后乡人，而后国人，而后举天下之人，“积善之家，必有余庆”，必将福泽后人。

“明礼”是明于礼仪。知晓人与人相处的规矩。家庭成员之间以礼相待，走向社会后尊敬自我以外的他者，“恭而有礼”，则“四海之内皆朋友也”。

“知耻”是明荣知耻。善于分辨是非，善于涵养良知，以生而有之的道德自觉自我反省、自我勉励，不断完善自我。

“崇俭”是崇尚俭朴。是最合理的持家之道。家庭成员的节俭，既是对自然资源的爱惜，也是对他人劳动成果的尊重。

“尚廉”是推崇廉洁。廉洁家风要求远离金钱、美色、权力的种种诱惑。在每一个家庭中，清廉之风成为主流，整个社会的风清气正终究会到来。

“敬业”是爱岗敬业。古人云：“凡事需用敬。”农工之人，其敬在勤；为官之人，其敬在勤且廉。每个社会成员都以敬业精神奉献社会，既可以促进社会和谐，也可以增进家庭幸福。

“爱国”是热爱祖国。以个人的能力和智慧奉献给生我养我的祖国。家风不仅仅体现在家庭成员个体道德的境界上，也体现在对社会的贡献上。

本书的十个板块，以“孝亲”始，以“爱国”终，是“修身、齐家、治国、平天下”的统一，蕴含着历代前贤“内圣外王”的价值追求，体现了中国传统文化的智慧，也与社会主义核心价值观的追求相适应。时时阅读，内可以养我浩然之气，完善人格；外可以怀抱天下苍生，造福社会。

本书名为《家风微阅读》，是“国学微阅读”系列图书的第二本。我们本着“做慢书、出精品”的自我要求，反复在全书的逻辑结构和文字风格上下功夫，希望此书的出版能够不负初衷，为弘扬中国传统家风文化做出贡献。由于我们水平有限，也欢迎读者给予批评指正，把这一套图书越做越好。

家風

目 录

家風

孝亲

■ “孝”在中国文化中，有着悠久的历史。“孝”是基础道德，《论语》中把“孝、悌”说成“仁”之本。基于“父子”“母子”血缘亲情的“孝”相对于兄弟之情更具本源性，在调整人和人之间的道德关系、维护社会的稳定、提高人民的道德素质方面，有着特殊的意义。孝亲的内涵非常丰富，概而言之，有三个方面。首先，子女对于父母物质愿望上的满足。养儿防老是中国文化的传统，在父母年老时，子女有照顾的义务。其次，子女对于父母精神上的安慰。对于父母的赡养，肉体的温饱是基础，在此之上，还要养其心志，让父母保持精神上的愉快。再次，子女有责任传承家风，发扬光大家族的优良传统。在没有深刻宗教传统的中国文化中，个体价值往往通过光宗耀祖的孝行得到体现。

鹿乳奉亲。

舜的母亲去世后，父亲瞽叟再娶，生下象。象为人傲慢，对舜很仇视。继母也经常在瞽叟面前说舜的坏话。但舜仍然对父母很孝顺、对弟弟很友爱，设法避免祸害，且毫无怨恨。当时的部落领袖尧得知舜的事迹后，就把他的两个女儿娥皇和女英嫁给他。舜成亲后，要求两位妻子孝敬公婆，不可以因出身而破坏家庭的规矩。

郯子，周代鲁国人。他的父母眼睛有毛病，希望喝鹿乳来医治。郯子就穿上鹿皮衣服，扮成鹿夹在鹿群中间，希望能够找到鹿乳。不料，有几个猎人以为他是一头鹿，要射杀他。郯子赶忙告诉猎人："我不是鹿，穿着鹿皮是为了找些鹿乳去医治父母亲的眼睛。"猎人们被郯子的孝心感动，以后上山猎鹿的时候，都会帮郯子取些鹿乳回来。

芦衣顺母。

孔子的弟子闵子骞是一位孝子。他的生母早死，父亲娶了后妻，又生了两个儿子。继母经常虐待他。冬天，两个弟弟穿着用棉花做的冬衣，闵子骞却只能穿用芦花做的“棉衣”。一天，父亲出门，闵子骞驾车时因寒冷打战，将绳子掉到地上，遭到父亲的斥责和鞭打，芦花从打破的衣缝中间飞了出来，父亲方知他受到虐待。父亲返回家，要休了后妻。闵子骞跪求父亲饶恕继母，说：“留下母亲只是我一个人受冷，休了母亲三个孩子都要挨冻。”父亲十分感动，就依了他。继母听说后，悔恨不已，从此对待他如同亲子。

子路问孔子：“我听说有这样一个人，脸面黑瘦，手脚上有厚厚的茧，起早贪黑耕种五谷以赡养父母，却为什么没有孝子之称？”孔子回答道：“我猜想这个人对老人不够尊敬或者话说得不好听吧！古人说：‘只是让老人穿衣吃饱不能叫作孝。’最强的大力士也不能把自己举起，是没有力气吗？用力的方式不对而已。君子在家用心行孝，在外结交贤人，这样怎么能没有孝子之名呢？”

百里负米。

曾子在瓜田除草时误断瓜秧根，其父曾皙以为他不爱惜瓜苗，非常愤怒，拿起棍子就打。曾子被打昏在地。曾子苏醒后很担心地询问父亲有没有被气病。孔子听到这件事后很生气地对曾子说：“舜侍奉父亲的时候，如果是小的棍棒就接受惩罚，如果是大的棍棒就会先避开。舜这样做既保全了父亲的名声也尽了孝子的本分。你却不知道爱惜自己的身体，直接去承受父亲的暴怒，倘若真的死了，那不是陷父亲于不义吗？”曾子听完后醒悟过来，感叹道：“我犯的错，实在是太大了！”

一日，子路拜见孔子，神色黯然，孔子询问他原因。子路回答道：“从前，我家境贫寒，常吃粗劣的野菜，我担心父母营养不够导致身体不好，经常到百里外的地方背米回家，奉养双亲。后来，父母离世，楚王聘我做官，以礼相待。现在，我过着富贵的生活，却再也不能到百里之外背米孝敬父母了！”孔子感叹道：“子路侍奉双亲，父母在世时竭心尽力，父母去世后倾尽哀思，真是孝顺啊！”

缇萦救父。

晋国赵鞅要去攻打楚国，和河津的地方官约下了日子帮自己渡河。不料，这位地方官因为醉酒而忘记了约期，赵鞅很生气，想要杀掉他。地方官的女儿名叫娟，对赵鞅说：“家父知道您要渡河，唯恐河神作恶，所以事先祭祀。祭祀需饮酒，他酒量不大，所以沉沉醉去。现在主君要杀家父，最好等他醒了再说。”赵鞅觉得她说得很有理，便免了这位地方官的死。

汉文帝十三年（公元前 167 年），名医淳于意因为失手把人治死，被判“肉刑”。当时的肉刑，有砍手、跺脚、挖眼睛等，受刑之人，无不残废。淳于意的小女儿缇萦，毅然跟随父亲去了长安，面见文帝，上书替父亲申冤，表示愿意替父亲承担责任，心甘情愿到官府中做一名官婢，只希望父亲能够免除“肉刑”。汉文帝被她的孝心和胆气感动，以她的故事为理由，废除了“肉刑”。

石建孝父。

汉景帝时，石建已经老了，头发白了，可他的父亲石奋还健在。石建每逢五天一次的休息日，都要回家探望父亲。石建一回家，就悄悄地询问家人，打听父亲的近况，拿来父亲的内衣裤，亲自洗得干干净净，再交予家人，还不敢让父亲知道。石建当时是二千石的高官，但他却认为自己这样孝顺父亲是应尽的责任。

汉朝的时候，有一位孝子名叫韩伯俞。他的母亲家教很严，每逢他有过失，都会用拐杖打他。而伯俞总是跪在地上，毫无怨言地任由母亲责罚。有一天，当母亲用拐杖打他时，他忽然大哭起来。母亲觉得很奇怪，问他道：“娘每次打你的时候，你都会和颜悦色地接受，为什么今天却哭起来了呢？”伯俞回答说：“从前儿子犯了错，娘打我时，我感到很疼，知道娘的身体很健康；今天儿子却一点儿也不觉得疼，知道娘的身体已经大不如从前了。我担心您的日子不多了，很难过，就哭起来。”

赵咨护母迎盗。

司马迁出身史官世家，其父司马谈曾任太史令。司马谈临终时,感叹孔子死后四百年没有一部好的历史著作,嘱咐司马迁要写出一部好的历史著作。司马谈去世后，司马迁继承父职，在汉武帝手下任太史令。后来，李陵投降匈奴，司马迁因为仗义执言，表达了同情之心，得罪了汉武帝。汉武帝便以“欺君罔上”之罪，把司马迁投入监狱，并处以死刑。司马迁悲愤至极，但他为了完成父亲的遗愿，决心忍受一切屈辱，以接受宫刑来赎罪。司马迁被释放后，继续发愤写作，最终完成巨著《史记》。

赵咨，汉朝人，曾在敦煌任太守，后因病辞官回家，带领儿孙耕田种地，奉养母亲。一天晚上，许多强盗到他家里打劫。赵咨担心母亲受惊吓，就到门口去迎接强盗，拿出饭菜请强盗吃，并且对他们说：“我母亲八十多岁了，又生着病，请求你们留下一些衣服和粮食，让我可以供养我的母亲。”强盗们听了他的话，被他的孝心感动，没有拿任何东西就走了。

茅容杀鸡。

东汉茅容，四十多岁了，在田野耕作时和一群同伴到树底下避雨。大家都随便地坐在地上，只有茅容正襟危坐。恰巧名士郭林宗路过，见此情景，大为惊异，因而向茅容请求借宿。第二天，茅容杀了一只鸡，郭林宗以为是为自己准备的，但茅容分了半只鸡来侍奉母亲，将其余半只鸡收藏在阁橱里，自己用粗劣的蔬菜和客人一同吃饭。郭林宗站起身来，向他作揖，说："你的贤良大大地超过了普通人。我曾经减少对父母的供养来款待客人，而你却这样，真是我的好友。"茅容最终成为一位很有德行的人。

晋代范乔的父亲精神不正常。范乔放弃了一切事务，专心侍奉父亲。朝廷屡次来召他去做官，他都不肯去。有一年的除夕，有个人偷他家的树去做柴火，被范乔发现。偷树的人觉得很惭愧，就把柴拿来还他。范乔说："你拿一些树去做柴，让你的爹娘可以温暖一些，这有什么可惭愧的呢？"于是，范乔主动把柴火送给偷树的人。

李密陈情。

晋代李密，父亲死得早，母亲改嫁，靠祖母刘氏抚养长大。晋武帝多次想重用他，李密终是不肯去做官，并在给武帝的《陈情表》中说："我如果没有祖母，活不到今天。祖母如果没有我的照料，也无法安度余生。今年我四十四岁，祖母九十六岁。这样看来，我替皇上尽力的日子多，报答祖母恩德的日子少。"武帝看后，非常理解他的一片孝心，就给他两个奴婢，帮他做事，同时让府县衙门供给他赡养祖母的费用。李密得以为祖母养老送终。

潘岳，字安仁，晋武帝时任河阳县县令。他事亲至孝，父亲去世后，接母亲到任所侍奉。他喜植花木，每年花开时节，他总是拣风和日丽的日子，搀扶母亲到林中赏花游乐。这一年，母亲染病，思念故乡。潘岳为了满足母亲的意愿，随即辞官奉母回乡。他的上司再三挽留。他说："我若是贪恋荣华富贵，不肯顺从母亲，那算什么儿子呢？"上司为之感动，便允他辞官。回到家乡后，母亲的病竟然痊愈了。家中贫穷，潘岳就耕田种菜售卖，之后再买回母亲爱吃的食物。他还喂了一群羊，每天挤奶给母亲喝。在他的精心护理下，潘母得以高寿安度晚年。

顾恺之画母。

东晋大画家顾恺之，善于画人物，尤其擅长画女人。顾恺之出世不久，母亲就去世了。童年的顾恺之经常进入书房问父亲："人家都有妈妈，我的妈妈在哪里？"禁不住儿子的一再询问，父亲只好以实相告。顾恺之大哭了一场，从此变得沉默寡言了。他一次又一次地询问父亲，母亲的脸庞、身材长得如何。听了父亲的描述后，开始给母亲画像。他画了一张又一张，父亲总是摇头："不像。"直到有一天，父亲说："身材、手足有点像。"他欣喜若狂，更加用心画像。不久，他画的像得到了父亲的认可："像了、像了，只是眼神还不大像。"他继续潜心画眼睛，画了改，改了画。终于有一天，当他把画像送到父亲面前时，父亲大喜过望地说："这是你的母亲。"这一年，他才八岁。到二十岁时，顾恺之已经是著名的画家了。当同行问他曾经拜谁为师时，他回答说："我的母亲是我心中一直活着的老师。"

木兰从军。

北魏人李彪的父母很早就去世了，后由养父母李钦夫妇抚养。八岁时，李彪的养母患重病，不久身亡。一天，李钦在街头听算卦的人说李彪命硬，克死了亲生父母，又克死了养母。李钦回家后就驱赶李彪离家，苦求无用的李彪只能上街乞讨。被养父赶出家门，李彪非但不恼不恨，反而每天把剩余的干粮积攒下来，隔一天就往家送一趟。李钦不让进门，他就把干粮放在门口。后来李钦身患重病，卧床不起，李彪就把讨来的馍馍送到床前，靠讨饭养活养父。李彪的行为感动了李钦，同时也感动了当地的百姓。后来，李彪被举为孝廉。

北魏时期，有个叫木兰的女子，从小练习骑马射箭，随着年龄的增长，武艺不断精深。这一年正碰到国家征兵，她父亲的名字也在名册上。可是她的父亲因年老多病而不能胜任，弟弟又太年幼，所以木兰决定女扮男装，替父亲出征。木兰跟随大军连年征战，多次建立功勋，没有人发现她是女儿身。胜利归来后，她没有接受任何封赏，回到家乡陪伴父母让他们安度晚年。

头炉烧饼。

隋代的张清丰是位有名的孝子，以做烧饼贩卖为生。他每天做出的第一炉烧饼给父母吃，几十年如一日，坚持不懈。一些达官贵族，出高价，设圈套，想要购买头炉烧饼，都未能如愿。母亲死后，张清丰在坟旁搭了一间屋子，为母亲守孝三年，每顿饭都是祭奠完母亲后再吃。现在的清丰县就是以他的名字命名的。清丰的风俗，吃饭时都要先给老人盛饭，就是在他影响下所留下的规矩。

唐代的狄仁杰为官清廉，对百姓仁爱，在朝野上下威信很高。他的一个同僚，奉诏出使边疆之际，母亲得了重病，不忍离去，心中非常悲痛。狄仁杰知道后，特此奏请皇上改派别人。有一天，狄仁杰出外巡视，途中经太行山。他在山顶上看着半山腰的云，对随从说："我的亲人就住在白云底下。"并禁不住流出了思亲之泪，徘徊了很久，不忍离去。

菊花跪父留母。

包拯年轻时以孝闻名，天性淳朴厚道。包拯二十八岁时，中进士，先任大理寺评事，后任建昌知县。因父母年老，包拯辞官回乡照顾父母。几年之后，他的父母相继去世，包拯在双亲的墓旁筑起草庐守丧。守丧期满，包拯还是徘徊犹豫、不忍离去。同乡父老多次前来劝慰勉励，包拯这才去吏部接受调选。

宋代，江南有一孝女名叫张菊花。菊花七岁那年，母亲病逝，父亲续娶。菊花对待继母很恭敬。她的继母却居心不良。一天，其父外出做生意，继母乘机将她卖给人家作婢女。事有凑巧，菊花的父亲在回归途中，偶遇菊花。父女相逢，悲喜交加。当父亲问她为何落至此等地步时，菊花含泪不语，生怕连累继母。在父亲追问下，不得已她才告之。父亲听后大吃一惊，当即将菊花赎了回来。三日后父女回到家中。其父见到后妻，十分恼怒，欲将其休掉。菊花见状，当即下跪为继母求情。父亲被其孝心感动，方才罢休。继母没有生子，父亲去世后，菊花对待继母和父亲在世时一样孝顺。

弃官寻母。

朱寿昌，宋朝人。在他七岁的时候，嫡母因为嫉妒，把他的母亲刘氏嫁到了外地，从此母子二人便分隔两地，不能见面。这样足足过了五十个年头，朱寿昌已经做了官。因为想念母亲，他便辞官专程到陕西等地寻找。他和家里的人分别的时候说道："倘若我这次不能找到母亲，便再也不回来了。"后来他日行夜宿，竟然真的碰到了母亲。此时，他母亲已经七十多岁了，朱寿昌便欢天喜地地把母亲接了回来。

宋代陈侃孝顺双亲的名声传到了很远的地方。他侍奉双亲，从不会让父母有担惊受怕的事情。有时候，父母生病，他就细心服侍，为他们做汤熬药。二老去世后，陈侃悲痛欲绝。人们认为他是个真正的孝子。他的孝行被整个家族引为典范，后代子孙人人争做孝子，陈氏家族曾经五代同堂，被传为佳话。

朱寿诉冤。

徐亨，宋朝浙江桐庐人。父亲早逝，他侍候母亲非常孝顺，对待兄长非常恭敬。方腊作乱，其兄被乱贼掠去。母亲因长子被乱贼抓去，不住地悲伤忧愁。徐亨既为兄长被贼人抓去痛心，又因母亲忧愁而忧愁，就冒死去见乱贼头领，跪下来乞求其释放兄长。乱贼头领不答应，徐亨就说自己愿意代替兄长，只求开恩把兄长放了，免除老母亲的挂念，本人万死没有遗憾。被徐亨的孝心感动，乱贼头领最终释放了他的兄长。

元代有个女子叫朱寿，她的父亲朱环被仆人诬告谋反，被判处斩。朱寿咬着牙对父亲说："从前有个叫缇萦的女子能为被冤枉的父亲澄冤昭雪，我难道就做不到吗？"于是，朱寿立即行动，找到法官冯耿贤哭诉说："我父亲是无罪的，不过是被恶仆怀恨陷害，假若事情不能申冤昭雪，我们一家老小只有死路一条！我听说大人贤明，所以才敢来诉冤。请大人无论如何要澄清事实，救我一家老小啊！"朱寿边说边哭，冯耿贤故意大声呵斥："这么大的案件，岂是你这样一个小女子说翻案就翻案的？"朱寿却仍然倔强地申冤。最终，冯耿贤让属下重新调查事实，而朱环也得以获救免罪。

原谷收舆。

元朝人原谷的祖父年纪很大了，原谷的父母厌恶并想抛弃他。原谷此时十五岁，好言规劝父亲说：“祖父养儿育女，一辈子勤劳节俭，哪里有父亲老了就抛弃的道理？这是违背道义啊！”父亲不听从他的劝告，做了一辆手推车，把祖父抛弃在野外。原谷跟随在后面，把小推车收了回来。父亲问：“你为什么收回这不吉利的器具？”原谷说：“等将来你们老了，我就不需要再做它了，因此现在先收起来。”父亲于是既惭愧又后悔，赶忙把老人接回来赡养。

元代孙抑担任刑部郎中之职，因对朝廷不满，辞去官职，回家孝敬父母。这时家乡兵荒马乱，强盗四起。途中遇贼匪拦路，因势单力薄，很难保护双亲，孙抑就先护送母亲脱险，而父亲不幸被贼匪掳走。孙抑安顿好母亲后，不顾艰难险阻，只身进入贼匪巢中，准备把父亲救出来。但由于寡不敌众，他也被贼匪抓住了。孙抑涕泣哀求贼匪释放他的父亲。匪首看他是个孝子，很受感动，竟真的把他和他的父亲都释放了。

劝姑孝祖。

明朝栾城人李大的妻子甄氏，侍奉公婆十分孝顺。有一天，婆婆到二儿子家里去了，甄氏感到心神不宁。不久，果然有人来报告婆婆病重的消息。甄氏马上动身，一路祷告。到了婆婆的身边，看护了数天，婆婆的病就好了。后来婆婆生病死了，甄氏就把婆婆和公公合葬在一起，自己在坟旁搭起茅屋住了三年。村里的人都称赞她是一个孝顺的媳妇。洪武年间，皇帝赐了她一方匾额挂在她家门前表扬她的孝行。

明朝的时候，浙江绍兴山阴有一户人家，娶了一个妻子，名叫刘兰姐。刘兰姐年仅十二岁，却很明事理，对家人十分恭敬殷勤。她婆母王氏却总是冒犯长辈，经常骂祖母“老不死”，将其视为“包袱”，言辞十分粗野。一天深夜，刘兰姐来到王氏的睡房长跪不起。王氏大吃一惊，问其缘故。刘兰姐答道：“儿担忧婆母不敬太婆母，日后媳妇将视为榜样，待您老了，也把您视为‘包袱’，那时您会多么伤心！太婆母长命百岁是我们家的大幸，恳求您三思而行。”王氏听后边流泪边叹气说：“良言使我受益匪浅啊！”于是痛改前非，对待祖母温柔恭顺。

哑孝子。

明朝时，儒生方以智待人友善、孝敬父母。他的父亲被奸臣陷害，遭逮捕入狱。方以智来到京城，每日守候在大臣们上朝的途中，即使在寒冷的冬日依然双膝跪地，诉说父亲的冤屈，一直持续了两年的时间。他还以中试举人的身份向皇帝上书“请代父罪疏”，陈明实情，希望代父亲一死，以白冤屈。方以智的孝行最终感动了皇帝，降旨释放了他的父亲。时人都为他的孝心、勇敢、执着所感动。

崔长生，清朝初年江南省邳州人，生下来就哑，左手蜷曲，但品行很孝顺，靠做佣工来养活父母，乡里人称赞他为“哑孝子”。后来，乡里发生大饥荒，他在外行乞，别人怜悯他，就把吃剩的食物送给他。他收下后，放到竹篮中留着，自己则去挖野草吃。回到家后，他就倒出竹篮中的食物孝敬残疾的父亲和生病的母亲，使父母靠这些食物维持生存度过了灾荒。

吮毒救父。

清朝人李应麟，从小温顺善良。母亲去世后，父亲再娶。他用占卜算命的收入来供养父亲和继母。李应麟对待继母十分孝顺，但是继母却对他百般刁难，常常对他施以棍棒。每当这时，他总是跪着，毫不抗拒。他的父亲轻信继母谗言，将他逐出了家门。李应麟仍无怨言，每年父母生日都准备好礼品回家祝贺。当李应麟听说继母病了，他急忙回家照顾，并跑到三十里外的地方求医抓药，无论晴雨，直到继母病愈。继母深受感动，悔恨不已。

清代黄殿文，三岁那年他的母亲不幸病故，父亲一人把他养大成人。后来，父亲脚上生疮，疼痛难忍，不能行走。殿文马上请来了大夫，为父亲治疗。大夫说："令尊的疮已经化了脓。只有把脓吸出来，我再敷上药，疮才能好得快。如果不吸脓只上药，疗效不大。"殿文听罢，二话不说，伏下身子就用嘴吸出父亲脚上的脓血。然后，大夫为他父亲上了药，没几日就好了。但殿文却因此染上了病毒，头和脖子都肿了起来。大夫被他的孝心深深感动，就免费为他治好了病。

孝子坟。

清代赵文炳，家境贫寒，父亲早逝，家中还有年迈的母亲和年幼的妹妹。为了供养老母和小妹，他每天起早贪黑，靠卖豆腐维持生计。他对母亲非常孝顺、关心，一日三餐必定亲手端上。每逢母亲不高兴时，他就开导母亲，直到母亲高兴为止。母亲因病卧床时，他竭力照顾不离左右。每次煎好药汤，他都要亲口尝试凉热。人们都称他为大孝子。母亲死后，他在坟前盖茅草屋守孝三年，每日必用新土封坟，烧香为双亲祈祷，村民都为之感动。后来，他做买卖无论走到哪里，路途多么遥远，回来时都要兜一包土倒在双亲的坟上。他的妹妹每逢祭日或清明节，也兜一包土上坟。日积月累，坟被封得丈余高，占地近半亩，坟上柏树成荫。他的孝行也广为乡里传颂，人们都称这座坟为“孝子坟”。

陆陇其巧断告子案。

清代陆陇其在灵寿当知县的时候，有位老妇人状告自己的儿子不孝。陆陇其对老妇人说：“我还没有仆人，你的儿子可以暂时来帮忙，等我找到合适人选，我就给他施用杖刑然后遣送回家。”此后，老妇人的儿子每天侍奉在陆陇其左右。陆陇其每日照应母亲洗漱、吃饭。在侍候母亲用餐后，才吃剩下的东西。如果有点空余时间，就陪母亲说笑。母亲稍有不适，陆陇其立刻找医生来诊治，买药煎药，几夜不睡也不知道累。几个月后，老妇人的儿子跪在陆陇其面前，请求回家看望母亲。陆陇其问：“你与母亲不和，为什么还要看她呢？”儿子哭着说：“过去我不懂事，对母亲不好，现在好后悔啊！”于是陆陇其让他们母子相见，两人抱头痛哭。儿子回家后，与以前判若两人，后来因为孝顺母亲在乡里闻名。

家風

齐家

■ 家庭是社会的细胞。在中国文化中，齐家是治国、平天下的基础，良好的社会秩序建立在家庭和睦的基础上。齐家包括多方面的内涵：一是夫妻之间的相敬如宾，二是兄弟之间的相互扶持，三是个体的家族责任。这三个方面的共同之处在于正确的家庭价值观，以“道义”作为团结家庭、家族的基本原则。

不拾遗金。

西汉人张敞品德高尚，很懂礼节。他做京兆尹的时候，在朝堂上敢于发表自己的见解，为民请命，对各类案件处理适宜，大臣们都非常佩服他。但是张敞没有做官的威仪，并且非常敬重自己的妻子，妻子因为年幼时受过伤，眉角有了缺点。张敞每天早上都要替妻子画过眉毛后，才去上朝。

东汉乐羊子曾经在路上拾到一块金子，带回家交给妻子。妻子说："我听说有志气的人不喝'盗泉'的水，有气节的人不接受侮辱性的施舍，何况捡别人遗失的金钱来求利，败坏自己的品行呢？"乐羊子非常惭愧，就把金子丢弃在野外，然后到远方求学去了。

情重姜肱。

汉代郑均的哥哥在县衙里当差，常常收到礼物。郑均知道了，就出去做工，把所得的工钱交给哥哥，劝说道："缺少财物可以通过劳动来获得，但若做官受贿犯罪，一生的名誉就都毁了。"哥哥听了深有感触，后来就再也不收礼了。哥哥死后，郑均对寡嫂和侄子既有恩，又有礼。郑均一直做到尚书的高位，一生为官清廉，人称"白衣尚书"。

东汉人姜肱有两个弟弟，一个叫姜仲海，另一个叫姜季江。兄弟三人天天在一起读书，一起游玩，形影不离。有一次，姜肱和弟弟姜季江一同去京城，半路遇到强盗，姜肱抢上前去对强盗说："我可以牺牲，但我弟弟还小，请你放他一条生路。"这时，姜季江说道："不！我哥哥学问品德很好，是家里的珍宝，我年纪小，能力不及长兄，你还是杀我吧！"强盗被兄弟之情感动，不忍下手，匆匆离开了。

妯娌互敬。

晋朝人刘秀姑，父母很早就过世了。她在家里恭敬地服侍哥哥、嫂嫂，将两个年幼的弟弟抚养成人。她成亲后，相夫教子，勤俭持家，丈夫官至礼部侍郎，三个儿子也都颇有名气。刘秀姑到八十多岁时依然行动自如，身体健康。当时的人都说，这是她敬重哥嫂、爱护弟弟的善报。

晋朝人王浑的妻子姓钟，弟弟王湛的妻子姓郝。妯娌两人品行都很好，彼此友爱和睦，管理家里的事务也都依着礼法去做。钟夫人是三国时魏国太傅钟繇的曾孙女儿，从小熟读文章，容貌秀丽，但她没有仗着娘家门第高贵而欺负郝夫人。郝夫人出生于贫寒之家，但她也没有因此而奉承钟夫人。当时的人都称赞钟夫人与郝夫人的品德。

王览友悌。

王览字玄通，有一个同父异母兄长王祥。母亲朱氏，对王祥很不好。王览很小的时候，每当朱氏鞭打王祥时，王览就哭着抱住王祥。长大之后王览经常劝诫母亲，但朱氏却没有改变对王祥的虐待。于是，朱氏使唤王祥干什么，王览便与王祥一齐去干什么。朱氏虐待王祥的妻子，王览的妻子也赶紧跟去，甘愿与王祥妻子一起受虐待。朱氏想用毒酒害死王祥，王览便把毒酒端着，不给王祥，致使与母争夺时把毒酒打翻。此后，每次吃饭，王览都要先尝一下母亲给王祥的饭菜。朱氏害怕王览被毒死，就不再这样做了。

崔挺是北魏官员。崔家早年祖孙三代同居，家中礼让有度。后来所在地区频遭饥荒，崔挺与弟弟崔振才分家。分家的时候，兄弟俩互相谦让，谁也不肯多占田产房产。崔家虽然贫困，兄弟之间却感情融洽，都以读书为乐。当时米谷昂贵，常有人给他们送些东西来，崔氏兄弟推辞再三方才接受。此后，他们把这些东西分发给乡里百姓，自家一点不留，当时的人们都很敬仰他们。

臧荣绪拜经显礼。

南北朝时期，宋人臧荣绪很懂得礼仪。他幼年丧父，自己种了蔬菜，用卖菜的收入供养母亲和祭祀祖先。母亲去世后，每个月的初一和十五，他都会准备珍贵的食物，穿上庄重的衣服，恭敬地前去祭拜。到了孔子诞辰的那一天，他会把经书陈列在桌子上，穿戴着礼服、礼帽恭敬地祭拜。臧荣绪的行为感化了很多人，人们都称赞他是一个品行纯正、知晓礼仪的君子。当地人都跟着他学习知识和礼仪。

吐谷浑首领阿柴有二十个儿子。病逝前，他命令所有的儿子每个人献上一支箭。他拿出一支箭给他的弟弟慕利延，让他折断这支箭，慕利延折断了它；阿柴又拿十九支箭让慕利延折断它们，慕利延没法把箭折断。阿柴告诉他说：“你们知道吗？一支箭容易折断，聚集成众就难以折断了。只要你们同心协力，我们的江山就可以稳固。”

煮粥侍姊。

唐朝贞观年间，岑文本被任命为中书令，他却面色忧虑，他的母亲感到奇怪。岑文本说：“我既没有功勋又不是旧臣世家，过分承受恩宠和荣耀，官位高责任重，这是古人所忌的，所以忧惧。”亲戚宾客有来庆贺的，他总是说：“如今我只接受慰问，不接受祝贺。”又有人劝他置办田产，岑文本不肯，认为自己本是一个普通平民，现在承受着那么优厚的俸禄，已经很知足了。

唐朝宰相李绩返乡探亲时，发现姐姐生病了。李绩就留下来侍候姐姐，每天亲自给姐姐煮粥。李绩在外面蹲着往炉子里添加柴火，一阵风吹来竟把李绩的胡须烧着了。姐姐看见了，心疼不已，对他说：“我们家里的佣人很多，为什么你要自己做，这么辛苦？”李绩回答：“姐姐老了，我也老了，能为姐姐煮粥的机会越来越少了。我想着常常替姐姐煮粥，可哪里能够呢？”

公艺百“忍”。

唐朝人崔沔，生性善良。父母早逝，他恭敬地侍奉兄长，对侄子关爱有加。他对妻子说：“父母过世前，记挂的就是我们兄弟几个，如家人之间真诚相待、互相关爱，父母也就能瞑目了。”后来崔沔官至中书侍郎，他的儿子崔祐甫成为一代名相。

唐朝人张公艺，家里九代同堂，家风和睦受到朝廷的表扬。有一次，唐高宗路经此地，前来拜访张公艺，向他请教：“是什么原因使你们这么一大家人住在一起，却始终能保持和乐融融呢？”张公艺就提笔连写了一百多个“忍”字呈给高宗，说道：“和睦的家风来源于‘忍’，也就是礼让的意思。如果家庭中每一个人都能相互谦让，彼此协助，积极为家里做贡献，那么家庭当然就能和睦了。”

文灿拒间。

杜暹因病去世，年六十余岁。他死后唐玄宗非常怀念他，派太监到他家帮助办理丧事，并拿出三百匹绢以示吊唁，还追授他为尚书右丞相。朝中大臣见皇上都这样做，也都给其家人送去许多礼物，尚书省还送去了一份奠仪。但杜暹的儿子遵照其遗嘱，都谢绝不受。朝臣们认为杜暹有忠孝之美，经反复商讨，确定为其谥号“贞孝”。

宋朝人周文灿和哥哥友爱笃甚。小时候，他们经常一起在外面玩耍。周文灿累了，哥哥就会把他背回家，在哥哥的背上，周文灿感到就像在父亲的背上一样安全和踏实。父母相继去世后，不幸的是哥哥染上了酗酒的恶习，经常喝得醉醺醺的。天长日久，哥哥就只能靠着文灿为生了。一天，哥哥醉酒后无缘无故重打周文灿，邻居都替周文灿抱不平，周文灿对周围人说：“我的哥哥并非来打你们，你们哪里可以离间我们的骨肉至亲啊！”哥哥醒了，看着脸上青肿的周文灿，不禁老泪纵横：“弟弟呀，真对不住你啊！”

骑马相别。

苏轼与弟弟苏辙从小一起读书，感情特别深厚。苏轼初任凤翔签判时，兄弟二人第一次远别。弟弟苏辙从开封送他到郑州西门之外，又独自骑马夜返。苏轼恋恋不舍地望向归去的弟弟，写下了《辛丑十一月十九日既与子由别于郑州西门之外马上赋诗一篇寄之》，诗中云："登高回首坡垅隔，但见乌帽出复没。苦寒念尔衣裘薄，独骑瘦马踏残月。"苏轼在后来漫长的为官岁月中，留下了诸如《水调歌头》等众多表达对弟弟思念之情的诗歌。

宋代有个陆九思，中了进士。当他最小的弟弟陆九渊刚出生的时候，乡里有人想抱养，父母因为儿子太多就答应了。陆九思坚决反对，父母才改变了主意。那一年，陆九思也生了个儿子，名叫陆涣之。陆九思对妻子说："我们把儿子寄养到种田人家去，你给小叔喂奶吧。"陆九渊长大后成为著名的学者，侍奉兄嫂犹如父母一样。

不负婚约。

宋朝名臣司马光，字君实。他有个哥哥叫司马旦，兄弟之间感情很好。司马光退出仕途后居住在洛阳，经常回乡探望兄长。当时，司马旦八十岁了，司马光年纪也已不小，但他侍奉兄长就如同侍奉父亲一样尽心尽力，嘘寒问暖，像照顾婴儿那样细心。司马旦体质较弱，消化不良，需要少食多餐。每次吃完饭不久，司马光总会亲切地问候哥哥："您还饿吗？要不要再吃点东西？"天气稍稍转凉，司马光就常常轻抚兄长的背，并关切地问道："衣服会不会太薄？冷不冷？"陕西、洛阳一带的人们都以司马光为榜样，如果人们做了不好的事，就会说："司马君实莫非不知道吗？"

宋代齐州人刘廷式，本是农家子弟，与邻居家的女儿订有婚约。后离别数年，刘廷式入太学读书，并考中进士。刘廷式回乡准备与邻居家的女儿成亲时，才得知邻居已死，其女双目失明，家道中落。然而，刘廷式并没因此违背婚约，选好日子准备完婚。邻女打算退婚，她说："我如今双目失明，形同废人，且门不当户不对，怎能嫁你为妻呢？"刘廷式答道："既然我早与邻翁有约，岂可因翁死子疾而违背婚约？"二人终成眷属。之后，家庭和睦，并生数子。

爵禄私外家，非法。

赵毓，元代唐州人，任福州司狱，家中三代同居。后来见老母亲年事已高，赵毓遵守父母年老子女不远游的古训，辞官回家。赵毓平时侍奉母亲十分虔诚，对弟弟们非常友好，一家人其乐融融。赵毓的长兄赵瑞死得早，嫂子刘氏立志守节。赵毓率领家人毕恭毕敬地侍奉她。一天，他召集各位兄弟子侄至自己房间，流着眼泪留下了遗嘱，希望赵家世世代代不要分家，并对天发誓。从此以后，赵家一门大小百余口，彼此之间没有闲言碎语，大家同心协力，家业日益兴旺。

明太祖朱元璋称帝后，多次提出欲寻访马皇后亲族，想给予封赏。马皇后婉言谢绝道："给外戚以爵禄，不合礼法。况且我的那些亲戚未必有什么才能，有了权力和地位以后，如果骄奢淫逸，不守法度，其后果不堪设想。前朝之所以覆灭，都是由此开始！"

王尚书拒调女婿。

明代王翱任吏部尚书，他的女婿贾杰在京城附近做官。王翱的夫人十分疼爱女儿，数次接女儿回家。贾杰愤愤地对妻子说："你父亲主管吏部，调我到京师做官，易如反掌，何必让你往来京师而不嫌烦劳呢！"王翱的夫人听后便向王翱请求为女婿调官。王翱大怒，推翻了桌子，打伤了夫人的脸。贾杰最终没能调职。

明代陈世恩，有一个哥哥和一个弟弟。哥哥学识丰富，孝顺廉洁，很受乡里人敬重。但弟弟整日无所事事，四处游荡。哥哥多次训斥小弟，弟弟却听不进去。见此情景，陈世恩每夜站在门外等弟弟回来。弟弟深夜归来以为二哥也要训斥他，没想到陈世恩丝毫没有怪罪他，反而关心弟弟有没有着凉，晚饭有没有吃饱。天气渐渐寒冷，陈世恩却依旧如此。弟弟十分羞愧，再也不出去游手好闲了。

廷机教弟。

明代李廷机，官居大学士，有个弟弟没有考上功名，是平民。有一天，弟弟从家乡来到京城，头上戴着新方巾，身上穿着新衣服。李廷机看见弟弟来，非常高兴，但看着弟弟的打扮，却很惊讶，就问弟弟："你是不是已经进了学堂读书了，中了秀才？"弟弟回答："没有。"李廷机说："那你应该戴原来的帽子，方巾是给有功名的人带的。"弟弟觉得哥哥说得有道理，于是戴上了原来的帽子。

明代郑湜，哥哥叫郑濂。郑家十代没有分过家，有人诬陷他们家和叛党胡惟庸有来往。郑湜来到官府欲顶罪，请求把自己押解到京城去。哥哥郑濂对他说："我是一家之长，当然应由我去认罪。"郑湜说："哥哥年纪大了，应当由我去服罪。"两个人抢着要到监牢里去。后来，明太祖知道后说："我知道郑家绝不会有这样的事情，一定是有人诬告他们。"

曾国藩愿学林则徐。

明代黄士俊，广东顺德人，到京城去参加会试。半路上听说兄长病危，黄士俊说："哪有急切追求功名而慢待手足之情的道理呢？"于是，他连忙返回家中，亲自给兄长熬药喂药，守了十几个昼夜，兄长的病慢慢好了。又一年冬天，他又北上去参加考试，快到京城时，他在一天的睡梦中梦见自己进了皇宫的大殿，在朝廷上拜见皇帝，皇帝说："你今天才来呀！我现在第一个就要用你！"第二年，黄士俊果然考中了状元。

曾国藩曾经写信给弟弟曾国荃说："听说林则徐三个儿子分家，各得钱六千串。他做了二十年的总督、巡抚，只有这么一点家产，官德修养不是你我能够相比的。我们这些人应该向他学习。"

天、孚、道、云、龙五世永不叙用。

梁启超先生一生匡时济世、勤奋著书，留有著述一千四百多万字，成为文化启蒙运动的一代宗师。梁启超将国家的兴旺寄托于中国文化的现代化上，他的政治期望与人文取向也潜移默化地影响着子女。在他的精心教导下，九位子女均在不同领域取得了杰出成就，甚至创造了“一门三院士”——建筑学家梁思成、考古学家梁思永、火箭控制系统专家梁思礼的神话，被时人誉为“满门俊秀”。

吴佩孚当权后，前来跑官要官的亲朋好友络绎不绝。一次他亲下手谕：“天、孚、道、云、龙五世永不叙用。”这五个字都是蓬莱吴姓一系，一道手谕将自家亲戚攀附之路全部堵死。吴佩孚有个老同学在别处当官，几次都因贪赃枉法被免职，便到吴佩孚处求官。那天，吴佩孚不在，老同学便留下个条子要求到河南当个县令。吴佩孚回家见到条子，提笔批道：“豫民何辜？”

孙中山不私亲属。

孙中山先生对待家人要求严格，大公无私。1912年1月，孙中山当选为临时大总统，各界都推举其兄孙眉担任广东都督。但他经过再三考虑，还是不同意孙眉出来当官。他亲自致电孙眉，劝他不要担任广东都督。

1923年春天，孙中山爱女携丈夫到广州的革命军大本营拜见孙中山，请求孙中山给自己的夫婿安排一个工作。孙中山了解到他女婿是教育学博士，就笑着说："很好！教育是终身事业，如遇英才而教之，是一件很快乐的事。可是学教育应该学以致用，不宜中途改行。这里是行政机关，不适合你的专长，你还是做教育工作好些。"

宁死不吃救济粮。

杨虎城自幼丧父，与胞弟茂三耕田务农，兄弟情深，非常友爱。1930 年，杨虎城出任陆军师长。一天，茂三从家乡来到军营，向哥哥请求给自己在部队弄个挂名的副官。茂三老实可靠，但无文化，少机变，不宜担任军职，杨将军便决定派胞弟去骑兵团喂马。茂三听了，一气之下，不辞而别。后来，杨将军回陕西省任省主席，茂三又去找哥哥帮忙。杨虎城说：“论血缘，我们是亲兄弟，可当省主席给国家办事，要用有知识、有本事的人。你是种庄稼的一把好手，就好好务农吧！”经过劝说，茂三想通了，回家安心务农。

1948 年 8 月 10 日，朱自清自感生命垂危，竭尽全力断断续续地对妻儿说：“有件事要记住，我是在拒绝美援面粉的文件上签过名的，我们家以后绝不买国民党发售的美国面粉。”

“五不”原则。

毛泽东主席特别强调反对任人唯亲。一进北京他就对秘书说：“我们决不能像蒋介石他们一样搞裙带关系，一个人当了官，沾亲带故的人都可以升官发财。如果那样就会脱离群众，就会像蒋介石一样早晚要垮台。”毛主席交代秘书处理亲友提出此类问题有“五不”原则：不接见、不介绍、不推荐、不说话、不写信。

新中国成立之初，有人提请让邓颖超在政府里担任重要职务，遭到周恩来拒绝。他说：“我是政府总理，如果邓颖超是政府里的一个部长，那么我这个总理和她那个部长就分不清了。人家会把她做的事当成是我支持的。这样，家庭关系、夫妻关系、政治关系、政府关系就混到一起去了，这不利于我们党的事业，也不利于我的工作。”

爱人和孩子上班、上学，一律不准接送。

朱德的老家有个侄孙作为适龄青年参了军。几年后，这个侄孙临近复员时到北京请求朱德帮他在城里找个工作。朱德说："使不得，回原籍安置是政府的政策，我要带头执行，不能有半点特殊。你在部队入了党，共产党员更应该服从组织纪律。仪陇县天地广阔，需要你，你要愉快地回老家去，由地方组织安排，无论干啥都要干好。"这个侄孙听从了教诲，回到了家乡，当地政府安排他当了公社的放映员。

按规定，元帅家里应该配两辆汽车，一辆供首长专用，一辆给秘书和家属用。车刚配发来，徐向前元帅硬是叫送回去一辆，还立下规矩：爱人和孩子上班、上学，一律不准接送。有一次，徐向前元帅的侄儿千里迢迢从东北来京探望，来去车站都是坐公共汽车。有时，家属患病送医院，用了公家车，他都如数交费。

平凡翁。

开国上将唐亮曾立下三条家规：一是他在家里的办公室兼书房，家属和子女不得入内；二是他的文件和资料，家属和子女不得翻看；三是他的工作情况和与其他首长的人事关系，家属和子女不得打听。唐亮珍藏一方印章，石料仅值三角钱，上面刻书：平凡翁。凡是珍贵书籍，均盖有此章。陈毅元帅评价说："平凡翁，不平凡，平凡之心，重如泰山。"

无论任自治区副主席时，还是任市委书记时，牛玉儒家总是"访客"不断。倘若是送礼的，家人劝其把礼品拿走，有事到办公室说；若是上访户在家门口等，牛玉儒就让爱人把他们请进来，沏茶倒水。牛玉儒的五个兄妹，至今全是普通百姓。妹夫下岗，妹妹打来电话求助，牛玉儒说："这事三哥我不能管，下岗是个普遍问题，你们要自己多想想办法，给别人带个头。"

幸福很简单。

林语堂和廖翠凤婚后商量说："结婚证书只有在离婚时才有用，我们烧掉它吧，今后用不着它了。"一根火柴将结婚证书烧掉了。此后俩人果然相守了一生。他说幸福很简单："一是睡在自家的床上；二是吃父母做的饭菜；三是听爱人给你说情话；四是跟孩子做游戏。"

傅斯年夫人俞大彩回忆说："如果比学问，我真不敢在他面前抬头，所以我愿意放弃自己一切的嗜好和享受，追随他、陪伴他、帮助他。结婚之后，他没有阻止我任何社交活动，但我完全自动放弃了，十几年来我们的经济状况一直非常艰苦，但我们仍然过得很美好、很快乐。"

家風

教子

■ “养不教，父之过。”良好的家风可以通过对子女的教育代代传承。中国文化中的教子既有严父对于子女的教育，也有贤母对于子女的教育。父亲的典型示范对于子女的成才至关重要，而在传统家庭中，由于“男主外，女主内”，母亲的作用更是不可或缺。孔子、孟子等圣人，陶侃、欧阳修等贤人，都主要是母亲教育出来的。教子，不仅是传承家风，也是为社会培养优秀人才。

孟母三迁。

孔子很小的时候，母亲颜征在就买来很多乐器，有时自己为儿子吹弹，有时请人为儿子演奏，有时让儿子自己玩弄。邻里乡人不解其意，颜征在对人们说：“孩子现在还不懂事，但天长日久，他就会喜欢这些乐器。做人要讲根基，办事要按规矩，无规矩不能成方圆。乐器最讲礼仪与规矩，无章法演奏不出动听的乐曲。让孩子早点懂得礼仪、音律、等级，对他日后的成长至关重要。”在母亲的教导下，孔子对音乐产生了浓厚的兴趣，为日后成才奠定了良好的基础。

孟子的母亲非常重视孩子的教育。孟子小时候，家住得离墓地很近，好奇的孟子常常玩办理丧事的游戏。孟母看到后非常担心，于是把家搬到了集市旁边。不久，孟母发现孟子经常模仿商人做生意时的场景，玩买卖东西的游戏。孟母忧心忡忡地叹气道：“在这样的地方孩子是无法成才的！”孟母再一次把家搬到了学堂附近。她发现孟子在这里总是玩一些模仿礼仪的游戏，欣慰道：“孩子在这里学会了礼仪，应该把家安置在这里！”

杀猪教子。

有一次，曾子的妻子去市集，儿子哭着要跟着去。曾子的妻子对儿子说：“你回家，等我回来杀猪给你吃。”曾子的妻子从市集回来，看到曾子正在杀猪。妻子阻拦说：“我是骗骗小孩子的。”曾子说：“小孩一举一动都模仿父母，今天你骗他，是在教他欺骗。母子之间不再信任，这不是教育孩子的好办法。”于是就把猪杀了。

田稷是齐国的相国，曾经收受贿赂。他的母亲知道了，批评他说：“不义之财，非吾财也。不忠之子，非吾子也。”于是，田稷退还财物，并上奏齐宣王请求处分。齐宣王召见田母，予以表彰，鉴于田稷知错善改，便让他继续担任相国。

有孝有忠，何负吾邪?

三国时的王经年少家贫，做官做到二千石的职位时，他母亲对他说："你本是贫寒人家的子弟，现在做到二千石这么大的官，可以止步了！"王经没有采纳母亲的意见。后来他担任尚书，帮助曹魏对抗司马氏，被逮捕了，流着泪辞别母亲说："我不该不听从母亲的教导，以至有今天！"他母亲却一点愁容也没有，对他说："做儿子孝顺，做臣子忠君。你既孝且忠，有什么对不起我呢！"

三国时期著名的政治家曹操非常关心儿子们的成长，他反复告诫他们："你们小的时候，我会关心疼爱你们，但等到你们长大后，我会量才而用。我对部下不会偏心，对家人也会公正，唯才是举才能治理好国家！"

焉得登高枝而捐而本?

东晋时殷仲堪任荆州刺史，正碰上水涝歉收。他吃饭时只有少量菜肴，有时饭粒掉落在盘外席上，他也总是拾起来吃掉。他常常教育子弟说：“清贫原是士人的本分，怎么可以登上高枝而丢弃根本呢？你们要记住这个道理！”

东晋名将陶侃的母亲湛氏很懂礼仪，勤俭持家。湛氏整天辛勤地纺纱织布，贴补家用。她教导陶侃要结交品德高尚的朋友，努力向别人学习。每当有客人前来拜访的时候，她总是亲自去喂马，拿出家里最好的食物款待客人，用最好的床铺留宿他们。当时的人们赞叹说：“若不是这样的母亲，哪里生得出这样的儿子呢？”

三件“土物”。

陶侃赴任前，母亲湛氏准备了一个包袱，说里面有三件“土物”，叫儿子带上。来到官府后，陶侃打开包袱一看，只见里面包着一块土、一只土碗和一块白色土布。他先是一怔，后来才慢慢领悟到母亲的用意。原来，一块土，是教儿永记家乡故土；一只土碗，是教儿莫贪图荣华富贵，要保持自家本色；一块白色土布，是教儿为官要清清白白，永不忘本。

陶侃年轻时当过浔阳县吏，负责监管捕鱼。某次，陶侃利用职权拿了腌鱼回家，母亲湛氏马上叫他把鱼退回去，并且责备他说：“你身为官吏，拿官家的东西，不但没有好处，反而会增加精神负担！”

唯有一点似羲之。

王羲之是晋代著名的书法家，他的儿子王献之在家风的熏陶下，从小练习书法。王献之苦练了五年后将自己的书法作品递给父亲评定，王羲之笑而不语，随手在一个“大”字下面加了一点，然后让儿子将全部字稿拿给母亲审阅。王羲之的妻子看后，叹了口气说道：“吾儿磨尽三缸水，唯有一点似羲之。”王献之听后不由得泄气了，母亲接着说：“孩子，只要功夫深，就没有过不去的河、翻不过的山。你只要像这几年一样坚持不懈地练下去，就一定会练就一手好字！”王献之听后深受感动，又锲而不舍地练下去。功夫不负有心人，他的字最终也达到了力透纸背、炉火纯青的程度，和王羲之的字并列，被人们称为“二王”。

北魏时的长孙道生清廉俭约，当时的人把他比作春秋时的名相晏婴。他的住宅低矮简陋，出任方镇后，族中子弟翻新了旧宅。道生返回，慨叹道：“以前霍去病说‘匈奴未灭，何以家为？’如今强敌还像游荡的鬼魂一样活动于大漠以北，我岂能安坐在华美的宅第之中！”便严厉地责备他的子弟，叫他们毁掉新宅。

所遗子孙，只有清白。

隋代郑善果身居高位，母亲崔氏仍然坚持纺纱织布，贴补家用。郑善果不忍心母亲这么辛苦，对母亲说：“儿子现在做了官、封了侯，俸禄很富足，您为什么还要这么辛苦自己呢？”崔氏回答道：“我原以为你知事明理，听你这么说，才明白你还需要有人来开导。按照礼法，做官所得的俸禄，应当拿出去做善事，救济需要帮助的人，以表示先人的恩惠。至于纺纱织布，那是妇人分内的事情，懒惰和安逸不符合礼法。”当时的人都称赞崔氏很懂礼。

隋朝时房彦谦任泾阳县令，家里有原来的产业，所得的俸禄全部用来周济抚恤亲友，生计日见困窘，自己却怡然自得。他曾对儿子房玄龄说：“人家都因做官得禄而富起来，只有我因当官而贫穷了，留给子孙的只有清白。”

桑葚归原主。

隋朝时，赵轨转任齐州别驾。赵轨住所的东邻有桑树。桑葚熟了，有的落入他家院子。赵轨派人全部拾起来归还邻居并告诫他的众儿子说：“我不是借此邀取名誉。树和果都是人家的，我们不能侵占人家的东西。你们应引为鉴戒。”

唐代李袭誉性格严谨，喜好读书，居家以俭朴节约自处，所得到的俸禄，分赐给宗族亲戚，剩余的钱用来写书。他经常对儿孙们说：“我不喜爱钱财，因此贫穷。京城有赏赐的田地十顷，耕种可以足食；河南有桑树千棵，从事蚕桑可以足衣；我写成的书，勤攻读可以求取官职。我死后，你们努力做这三件事情，就可无求于人了。”

李母退米。

唐代李逊任贝州刺史时，天降甘露，洒遍庭中树木。人们说：“这是刺史大人善政所致，应该报告给朝廷。”李逊很谦逊，隐匿不报。他历次担任十七种官职，所得俸禄首先用来照顾兄弟嫂侄。他对儿子说：“给你们衣食，不如给你们仁义道德，不要嫌敝陋而推辞不受。”

唐朝监察御史李畬的母亲为人清白正派。一次，李畬的禄米由差役送到家里，李母令人过数，结果多出三石。李母询问原因。差役说：“御史的禄米出库时一向不将高出斗口的部分刮平。”母亲又问应付多少车脚钱。差役说：“给御史家送禄米一向不收车脚钱。”李母很生气，命令差役送还多出的禄米，并付了车脚钱。

崔母诫子。

崔玄玮是唐朝宰相，以清白著称。刚踏上仕途时，母亲卢氏就告诫他："我的姨兄曾说：'儿子一辈的人做官，有人说生活贫困，是好消息。如果钱财过多，穿好衣服，骑名马，是坏消息。'我很赞成这句话。常常看到亲戚里有人做官，带回大量钱财，父母只知欢喜，却不问从何而来。如果确实是从俸禄里面省出来的，也是好事；如果来路不正，有违天理，这和做强盗有何区别？即使没有大过错，难道能够无愧于心？"

北宋著名的文学家欧阳修年幼时，父亲不幸去世，母亲靠辛勤劳动，将他抚养长大。欧阳修长大后问母亲，是什么样的决心和力量能够让她在困境中坚持下来。母亲深情地说："你父亲死后，我能守寡抚孤，是因为我了解你父亲的高尚品德。我爱他，也爱你，决心把你培养成像他那样的人。为了你，再大的苦我也能吃。你父亲去世前对我说：'我不能看孩子长大了，希望你今后把我的话告诉孩子：人不要贪财图利，生活上不要过分追求享受，要孝敬长辈，要有一颗善良的心。'这是你父亲的遗言，望你好好勉励自己。"欧阳修听到这里，流着泪对母亲表示："我一定继承父亲的遗志，做一个品德高尚的人。"

遗表诫子。

北宋名相王旦病重后，请杨亿撰写遗表，并告诫子弟："我家盛名清德，应致力于俭朴，保守门风，不许太奢侈，不要厚葬。"遗表呈上后，宋真宗为之感叹，便前往王旦的府第，赐给五千两银子。王旦上奏辞谢，文稿末尾写着："财物对臣没有什么用处，现在想要散发施予，为百姓排忧解难！"

北宋年间，朝廷任命刘安世做谏官。接任以前，他对母亲说："去朝廷做谏官不是一件容易的事，或许还会招来祸事，如果以母亲年老为借口，现在推辞还来得及。"母亲答道："谏官是皇帝身边直言的臣子。你有幸得到了这个职位，理应舍生取义去报答恩典。假如以后你被流放，我会跟你一起去的。"刘安世含泪答应了母亲，上任后忠于职守，得到百姓称赞。

典地葬妻。

北宋名臣范仲淹家风清廉俭朴、乐善好施。一次，范仲淹让次子范纯仁自苏州运麦至四川。范纯仁回来时碰见熟人石曼卿，得知他逢亲之丧，无钱运柩返乡，便将一船的麦子全部送给了他，助其还乡。范纯仁回到家中，没敢提及此事。范仲淹问他是否遇见好友，范纯仁回答说：“路过丹阳时，碰到了石曼卿，他因亲人丧事，没钱运柩回乡，而被困在那里。”范仲淹立刻问道：“为什么不把船上的麦子送给他呢？”范纯仁答道：“我已经送给他了。”范仲淹听后，对儿子的做法非常满意。

司马光的夫人去世了，宋神宗派人送了一些钱给他。他说：“私事怎么能用国家的钱？”让儿子把钱退回去。但儿子觉得应该借点钱，把母亲的丧事办得风光点，司马光没有同意。最后，父子把家里仅有的一块三顷的土地典当了出去，这才简单地办理了丧事。

已经碎了，急有何用？

北宋陈省华有三个儿子，老大和老三都中了状元，老二也是进士及第。陈省华的善于教子连司马光都赞叹不已：“天下皆以陈公教子为法，以陈氏世家为荣。”陈家有一匹烈马，经常踢人。一天，这匹马不见了，陈省华责问仆人，仆人说是尧咨少爷卖了。陈省华马上叫来儿子：“你是朝中重臣，怎能把不能制服的烈马转手易人呢？”说着，赶紧命人去追回马，并退还卖马钱。

宋朝有一个叫吕文靖的人有四个儿子。有一天，他对夫人说：“咱们的儿子中不知道哪个是宰相之才，我要考验他们一下。”于是，当四个孩子在院子里玩耍的时候，吕文靖吩咐一个小丫鬟，故意将玉器掉落地上摔碎。这时，有三个孩子急忙去报告夫人，只有老二公著没动。吕文靖问公著：“你为什么一点不着急呢？”公著回答：“已经碎了，急有何用？”吕文靖告诉夫人：“公著将来可当宰相。”后来，公著果然官至宰相。

遭贬何惧?

宋朝人张浚的母亲计氏，一直教导儿子按照他父亲的品行做事。后来张浚在朝廷里做官，目睹奸臣秦桧贻误国家，想去劝谏皇帝。可是一想到年迈的母亲，就怕获罪之后牵连她，所以很忧愁。母亲计氏见了，再三追问。张浚把心中的顾虑告诉了母亲，计氏说：“你父亲曾说‘情愿因为谏忠言忍受酷刑，也不愿有负圣恩’！”张浚听后羞愧至极，明知会被贬谪流放，依然决定将奏章呈送皇帝。

元朝时，参知政事张雄飞的长子张师野担任东宫警卫。有一天，有人请求让张师野做荆南总管。张雄飞坚决劝止，对张师野说：“今日有人要提升你做官。你在太子手下担任随从的日子也很久了，本来做官也是应该的，可是我正担任执政，提拔你，别人会认为我对自己的儿子偏爱照顾。所以，我一日不离开参知政事这个官位，你就不要期望做官！”

谕妻谕儿。

明朝著名谏臣杨继盛因弹劾权臣严嵩，被逮捕入狱。在狱中他写下了《谕妻谕儿卷》教育儿子。在做人方面，要向父母学习，做一个正直的君子，有所为有所不为；在交友方面，要与“老成忠厚，肯读书，肯学好”的君子肝胆相交，远离唯利是图的小人；在治学方面，要先陶冶情操、修身养性，后择良师学习经世致用的学问。在他的教育下，他的两个儿子成长为正直忠厚的君子，为世人所称赞。

高愈是明朝名臣高攀龙的从孙，他继承了祖上的清廉家风，晚岁生活极度贫困。某年，连续喝粥七日，还带着儿子登高远眺，精神上依然逍遥自足。他曾经说：“读书人要自立，时刻不忘为追求正义而奋斗。”

半鸭知县。

康熙初年，广西罗城县令于成龙被两广总督金光祖举荐为全省唯一“卓异”，升任合州知州。其子从山西老家来看他，他仅有一只一直舍不得吃的咸鸭，乃割下一半作为礼品让儿子带回老家，因此人称“半鸭知县”。

清代书画家郑板桥在给堂弟郑墨的家信中讲到爱子之道：“余五十二岁始得一子，岂有不爱之理！但要有原则，虽嬉戏玩耍，务令忠厚悱恻，不可使其成为刻薄急躁的人。”在另一封书信中又谆谆告诫道：“要须长其忠厚之情，驱其残忍之性，不能因他是你侄子就姑息、放纵、怜惜。”郑板桥还在信中写道：“读书中举做官是小事，第一要明理做个好人。”“难得糊涂”的郑板桥以竹入联：“咬完几句有用书，可充饮食；养成数竿新生竹，直似儿孙。”他教育儿孙，做人要像竹子一样虚心有节、刚直不阿。

清白遗子孙。

乾隆时期，内阁典籍尹均生性俭朴，他的儿子尹壮图任内阁学士。两人都喜欢喝豆汤，每月一定要煮多次，并喊来儿孙辈一起喝，说："这是家乡口味，你们即使将来富贵了，也不要忘本。"见父子经常同乘一车去上朝，刘墉感叹道："尹舍人可以称得上以清白遗子孙了。"

新中国成立后，滕代远历任铁道部部长、全国政协副主席等要职，但他严于律己，始终保持优良的家风。滕代远有五个儿子，他对孩子们要求非常严格，坚持"干部子弟不能搞特殊"的原则，并定了三条家规：一是不送子弟学校读书；二是家里人不许坐公车；三是不要靠父母，自己闯路子。

革命者的遗产不是金钱，而是革命精神。

在对待子女花钱的问题上，朱德非常严格，他曾经对身边工作人员说：“不要小看给孩子钱的问题。如果不注意，钱给得多了，实际上是害了他们。他们都有工作、有收入，能够生活就可以了。他们不知道过去的苦难，钱给多了，可没有任何好处。”“革命者的遗产不是金钱，而是革命精神。”这是朱德教育子孙后代的又一句名言。他在病重期间，曾多次对孩子们说：“我是无产阶级，用的东西都是公家的，我死后一切都上交国家。”他在病危的时候，嘱咐妻子康克清，把他自实行工资制以来的全部存款共计两万多元，作为党费，全部交给组织。

张闻天的儿子张虹生填写学生登记表时见许多同学在“家庭出身”一栏里填了“革干”或“革军”，不知道自己该怎么填，就去问爸爸。张闻天说：“你就填‘职员’吧。不管是工厂里的工人、种地的农民，还是政府的工作人员，大家都是干革命的，只是分工不同。”

一遇动摇，立即坚持。

20 世纪 60 年代初，中国刚刚经过三年自然灾害，处于经济恢复期。国家号召大办农业，万里响应号召，将长子万伯翱送往河南省黄泛区农场劳动锻炼。万伯翱成为首都干部子弟下乡支援农村建设第一人。从不题字的万里在厚厚的笔记本上，为儿子写了两行字："一遇动摇，立即坚持。"

刘伯承的长子刘太行回忆说："那时南京刚解放，父亲是南京市长。有一天，他带着我们去参观中山陵。到了那里，看到通知说因故不能接待参观者。父亲正要带着我们回家，负责的干部赶来了，说可以带领着参观，可是父亲还是坚持服从规定，拒绝了邀请。回家的路上，父亲给我们讲：'爸爸虽然是个高级干部，但和普通工作人员一样，都是为人民服务的，因此也应该按规定办事，不能搞特殊化。'"

尊重孩子就像尊重观众一样!

“文化大革命”期间，陈云被下放到江西。由于厨师生病，陈云长女陈伟力临时到江西为他做了十个月的饭。陈云对女儿说：“你在这里十个月，是为了照顾我，没有给国家做事，就不能拿国家的工资，回去后，要把工资退给单位。”

著名京剧大师梅兰芳四岁丧父，在祖母、伯父、母亲的扶持和教育下，刻苦学艺，敬重并学习祖父、父亲的为人处事，从艺术和家风上均继承祖风，将梅派艺术发扬光大，成为中国现代京剧史上改革创新的先锋。在日寇侵我山河、气焰嚣张的岁月里，他蓄须明志，息影舞台，艰难度日，体现了崇高的民族气节，令后人感佩景仰。经常有人向他请教培养子女的经验，梅先生总是淡淡地说：“尊重孩子就像尊重观众一样！”他从不疾言厉色并绝不打骂孩子。“把孩子吓傻了，就更听不懂了。耐心地讲解，总能让孩子明白的。”梅兰芳一生严于律己，他将表演艺术和梅家谦虚谨慎、俭朴随和、乐善助人的纯朴家风传给了子孙后代。

我不知道你给我的钱是不是干净，将来会不会要退赔……

当代文学大师、中国文联副主席冯骥才先生的母亲年近百岁，每次到儿子的本命年，她都要亲手为儿子做红腰带，并绣上“马年大吉”四个字。冯骥才感动不已，他说：“正是因为我在家里获得了这样美好的爱，知道了爱是什么滋味，我才希望把爱传递给别人。”

有报纸曾经刊登过一位公务员读者的来信，其中有这样的话：“多年前，老母就把我给的零花钱全部存了下来，一分也舍不得花。有次去看生病的二姨，她连二十元钱也掏不出。在我的追问下，她说：‘听说很多当官的都很贪，我不知道你给我的钱是不是干净，将来会不会要退赔……’母亲的话至今都让我不堪回味。我用白纸黑字将它记下来，是为自警，亦当与同事同僚共勉。”

家風

明礼

■ 中国自古以来就是“礼仪之邦”。“礼”是社会政治制度的体现，也是人与人交往的礼节仪式。无论何种形态的礼，其核心要旨都在于表达对自我以外的他者的尊重，也都体现了人类自身的文明和觉醒。家庭之中，学礼、知礼、守礼，有助于形成良好的家风，也有助于构建和谐美好的理想社会。

求贤如求良药。

商的开国君主汤礼贤下士，待自己的臣民很有礼仪。他听说伊尹很有才能，就前去拜访。车夫说：“伊尹只不过是普通百姓，您召他到宫里来，就是对他天大的赏赐了，何必亲自拜访呢？”商汤说：“伊尹对于国家来说就像良药一样，对这样的贤人，我按照礼数是应该亲自去请的！”商汤说完便让车夫下车，自己驾着马车前去拜访伊尹。孔子评价说：“商汤真是懂礼法的君主，所以百姓拥护他啊！”

《周礼》有“怀子礼”，又称“胎教礼”。怀孕的女子，眼睛不看不好的颜色，耳朵不听不好的声音，不说不恭敬的言语，不做违背道义的事情，心里没有邪恶的想法，注意自己的饮食和走路时的仪态，经常去听美好的音乐和阅读古代圣贤的经典，空闲时尝试和孩子交流。

姜后脱簪。

周公的儿子伯禽将往鲁国赴任，周公告诫道：“我是文王的儿子、武王的弟弟、成王的叔父，算得上天下有身份的人。即使如此，我也常常停止沐浴或饮食来接待到访的贤士。我这么做是怕失去天下的贤人，你千万不可因为自己是国君而傲慢待人。”

西周周宣王的王后姜氏很懂礼法。她见宣王对政事有所懈怠，沉溺酒色，十分担忧。于是，她摘下象征王后的饰品，换上普通女子的装束，派人告诉宣王：“国家衰落，百姓受苦的罪责都在于我的失职，没能帮助君王以礼法治理国家，请求君王惩罚我的过失。”周宣王听后非常感动，改过自新，勤于政事，恢复了先王的礼乐教化，将国家治理得很好。

礼乐相传。

在古代，孩子出生后，按各地的习俗，家人会聚集亲朋好友一起庆贺，给孩子举行命名礼。父亲先给孩子命名，接着认定孩子的生命来自天地、祖先、父母，为孩子指认天地，指认祖先牌位或先辈画像，指认长辈、父母。最后，亲朋好友为孩子送上祝福。

在西周礼乐盛行的时候，孩子八岁时进入学堂读书，学习洒扫、应对、进退之礼以及礼、乐、射、御、书、数等知识。等到十五岁的时候，成绩优秀的孩子会被选入大学，继续学习修身养性和治理国家的大道理。经过十几年的学习，一个不谙世事的孩子逐步成长为能够承担社会责任的成年人。礼乐代代相传，使得社会能够长期保持安定，百姓得以安居乐业。

虚坐尽后，食坐尽前。

中国传统文化有入座之礼。聚会时秩序井然，座席亦有主次尊卑之分，尊者上坐，卑者末坐。如果坐错席位，不仅主人不快，自己事后也会为失礼之事追悔莫及。如果不能把握坐何种席次，最好的办法是听从主人安排。室内座次以东向为尊，即贵客坐西席上，主人一般在东席上作陪。年长者可安排在南向的位置，即北席。陪酒的晚辈一般在北向的位置，即南席。入座的规矩是，饮食时人体尽量靠近食案，非饮食时身体尽量靠后，所谓“虚坐尽后，食坐尽前”。有贵客光临，应该立刻起身致意。

自周代起，规定贵族女子在订婚（许嫁）以后出嫁之前行及笄礼。一般在十五岁时举行，如果一直待嫁，则年至二十岁时行及笄礼。行及笄礼时，女子改变幼年的发式，将头发绾成一个髻，然后用一块黑布将发髻包住，用簪插定发髻。主行及笄礼者为女性家长，由约请的女宾为少女加笄，表示女子成年可以结婚。贵族女子受笄后，一般要在宗室接受成人教育，学习“妇德、妇容、妇工、妇言”等，包括待人接物、侍奉长辈的品德礼貌以及女红、劳作等本领技巧。

夫唱妇随。

古代男子到了二十岁时，家人会挑选吉日由父亲或兄长在宗庙里主持冠礼。后人也将二十岁称作“弱冠”。冠礼当天，由指定的贵宾给行冠礼的年轻人加冠三次，即依次戴上三顶帽子，首先戴上黑麻布材质做的缁布冠，表示从此有参政的资格，能担负起社会责任；接着再戴上用白鹿皮做的皮弁（军帽），表示从此要服兵役以保卫社稷疆土；最后戴上红中带黑的爵弁（古代通行的礼帽），表示从此可以参加祭祀大典。加冠后，由贵宾向冠者宣读祝词，并赐以“字”，使他成为受人尊敬的社会成员。

《礼记》里关于婚礼这样说：迎亲的时候，新郎到了女方家，先拜见岳父，然后放下礼品，这才和新娘施礼相见，彰明男女之别。从女方家中出来，新郎亲自把登车的引绳交给新娘并亲自为新娘赶车，表示对新娘的疼爱。从女方家大门出来以后新郎就一直走在前面，新娘跟在后面，夫唱妇随由此开始。成亲的当晚，夫妇同吃一个碗里的菜，表明夫妻平等。成亲次日的早上，新娘拜见公婆，向公婆进献食品，表示履行孝养的义务。

公父文伯之母知礼法。

春秋时期，卫国人高柴很守礼节，他的品行和操守都非常端正。他走路时不踩别人的影子，不攀折生长的草木。父母去世的时候，他遵从礼法，哭泣着守了三年丧事。后来他担任了卫国的狱官，判案公正又很有仁义之心，当时的老百姓都称赞他的美德。

公父文伯的母亲早上哭祭她的丈夫公父穆伯，晚上哭祭她的儿子文伯。孔子听说此事后说：“季氏家族的媳妇明白礼法啊，她爱丈夫也爱儿子，无所偏私，祭祀时前后时间的安排是有根据的。”

君子以贱物擦拭珍物。

春秋时，子张、子夏陪同孔子前去拜访季康子。孔子进屋和季康子坐谈时，子张和子夏在外边辩论起来。子夏辞气很盛，脸色激动。子张说：“你听过先生辩论吧！和颜悦色，侃侃而谈，仪态庄重，先默听然后发言，得理能让，议论深刻，旁征博引，讲出道理。小人辩论的时候，往往自以为是，抓住别人的错误不放，两眼发红，说个不停。一旦侥幸得胜，便得意狂笑，言辞粗俗，礼仪扫地，君子鄙视这样的辩论！”

孔子坐在鲁哀公王座前，哀公赏赐了一些桃子和黄米请孔子食用，孔子先尝黄米再尝桃子，左右大臣都掩口窃笑。哀公说：“这个黄米是用来擦拭桃毛的。”孔子说：“我知道，不过黄米属于五谷之首，祭祀先王时是上等祭品。果品有六种，桃居其下，祭祀时都不能进入宗庙。君子以贱物擦拭珍物。拿米擦桃毛，实在是有害于礼义之道！”

不懂就问。

《论语·子张篇》中提到："祭思敬，丧思哀。"强调内在自然的悲痛和哀思之情。"哀"与"敬"两个字代表着孔子在丧祭之礼上的基本观点。历史上一些学派曾以"破产厚葬"指责儒家，可事实上孔子是反对"厚葬"的，他主张应该根据各家的经济实力办理丧事，切不可片面追求丧礼的隆重，关键在于是否有一颗至真至切的心。

孔子年幼时热衷于学习礼仪，他与伙伴一起做游戏时，常常在桌上摆着坛罐之类的东西作为礼器，模仿大人有板有眼地演习礼仪。孔子也常常到太庙去观看祭祀礼仪，遇到不明白的地方，就主动向他人请教。在孔子看来，学习是件快乐的事情，不懂就问是"礼"的体现。孔子成年后依然孜孜不倦地学习礼仪，他曾向师襄学习乐礼，向老子请教礼法。孔子聪明过人，又善于向别人学习，最终成为一代圣人。

曾子易箦。

曾子七十岁的时候，卧病在床。他的弟子乐正子春、儿子曾元以及一个仆人站在旁边服侍他。仆人突然说道："您身下的席子华丽而洁净，这是大夫才能用的吧？"曾子回答道："是啊，这是季孙氏赏赐给我的，我重病在身，逾越礼法竟然不知。快点扶我起来把席子换掉！"曾元心疼父亲说道："您病得很严重，不能随便移动。"曾子斥责道："你还不如仆人爱我。君子用德行表达敬爱，我现在年事已高，只不过希望能合乎礼仪地离世罢了。"众人听完后，换上了一张普通的席子，还没来得及扶曾子躺好，他就去世了。

子游是孔子的得意弟子，他坚持遵照师训，在管辖武城的时候以礼乐教化人民。孔子来到武城，只见街道宽广，处处有弦乐之声，微笑着问子游："我教你礼乐是用来治理国家的，你却用来治理小地方，是不是有点小题大做了？"子游恭敬地回答道："先生曾教导我们：官员要有仁爱之心，以礼乐教化民众，民风就会淳朴，百姓就能安居乐业。"孔子十分满意地说道："你说得对，无论地方大小，礼乐教化民众都是有用啊！"

齐桓公五顾小臣稷。

春秋时期，齐桓公听说一名叫稷的小官员很有才能，就去拜访，却一日三至不得见。桓公身边的人说：“您是一位大国君主，他是个小官员，您来了三次都没见到，可以停止了。”齐桓公说：“有才能的人轻视爵位、俸禄，也可能轻视他们的君王；我作为齐国的国君，为了齐国的利益，必须要重视人才，所以我一定要去拜访他。”这一天，齐桓公接连五次前去拜见，才得以见到稷。

春秋时期，有一年，宋国遭受了重大的水灾，鲁国国君派使臣去慰问。宋桓公对使者说：“因为我的不敬，所以上天降下了灾祸，又使得贵国的国君忧虑，我们觉得很抱歉。”他真诚地拜受了鲁国国君的慰问。鲁国大夫臧文仲评价说：“宋桓公的言语、行为都很符合礼节，宋国很快就要兴起了。”宋桓公在国内积极推行礼法教化，不久国力有了很大提升。

缺妻敬馌。

晋国人郤缺与妻子相互敬重，很讲礼仪。一次郤缺在田间除草，妻子将饭送到地里，十分恭敬地将饭端到丈夫面前，郤缺连忙接住，并表达谢意。夫妻俩相敬如宾，虽然只是粗茶淡饭，他们吃得依然津津有味。晋国大夫臼季刚巧路过，深深地被他们感动，回去后对晋文公说："一个人能够恭敬，就必定有道德。有了道德，就一定能够治理百姓。请君侯任用他。"晋文公听从了臼季的建议，任命郤缺为官。后来，他果然为晋国立下了许多功劳。

春秋时期，卫国贤人蘧瑗很懂礼法，大家都很敬重他。有一天晚上，卫灵公和夫人南子在宫中静坐时听到门外一辆马车由远及近而来，车到门口的时候不响了。南子说："车上坐的人一定是蘧瑗。"卫灵公问："你怎么知道呢？"南子说："从礼节上讲，臣子经过君主宫殿门口时，一定要下车，表示对君主的尊敬。蘧瑗是君子，是不会因为没有人注意就放松对自己品行的要求的。"卫灵公派人去查看，果然是蘧瑗。

高赫无功受上赏。

春秋末年，晋国的赵、魏、韩、智四大贵族互相争锋。赵襄子被其他三家困于都城襄阳，后用家臣张孟谈的离间计，终于解围。赵襄子奖赏五位家臣，没有实质性贡献的高赫却受到最高奖赏，其余四人都愤愤不平。赵襄子说：“我在重重包围中，处境很艰难，当时能够不失君臣之礼的只有高赫。你们虽有功劳，却都有骄纵之气。”后无人再失君臣之礼。

孟子在齐国的时候，有一次前去吊丧，在门口遇到了大臣王驩。王驩位高权重，周围的宾客都主动上去问好，只有孟子没有。王驩非常不高兴地说：“所有的大臣都主动和我打招呼，只有孟轲不同我说话，怠慢我！”孟子反驳道：“按照礼节，在朝廷中不应该跨过位次交谈，也不越过石阶作揖，我这样做没有错！”王驩自知理亏，也就不再追问了。

宿瘤采桑。

战国时期，齐国有个采桑女脖子上长了个大瘤，人们称她为宿瘤女。齐湣王到当地游玩的时候，人们都前来围观，只有宿瘤女采桑依然。湣王觉得奇怪就召见了她，宿瘤女应对很有礼节。湣王觉得她很有贤德，非常喜欢她，想要将她带回皇宫。宿瘤女说："如果我没有得到父母的命令就跟着您去，我不就成了私奔吗？这样不符合礼制。"齐湣王听了非常惭愧，称她为圣女，并将她立为皇后。在宿瘤女的帮助下，齐湣王把国家治理得很好，各国诸侯都来朝见齐王。

西汉时，汉高祖刘邦委托叔孙通制定礼仪，规范群臣的行为。叔孙通在沿袭前朝礼仪的基础上，征召三十多名儒生共同拟定朝堂仪式，并进行了反复演练。在朝岁大典进行的时候，司仪官引导文武百官进入大殿，按照秩序依次站立，等到皇帝上朝，所有官员毕恭毕敬地向皇帝施礼道贺。从朝见到宴会结束，整个大殿肃穆庄重，秩序严谨，各安其位。刘邦夸赞叔孙通道："先生说得对，礼法是能够教化人啊！"

举案齐眉。

汉朝人鲍宣年轻时拜桓少君的父亲为师，桓父对他非常欣赏，决定将女儿少君嫁给他，并准备了丰厚的嫁妆。鲍宣知道后对少君说："你是富家小姐，而我却是穷书生，我怎么能配得上你呢？"桓少君听了之后，为向鲍宣表明心志，就将嫁妆中的绸衣换成了粗布衣。结婚当天，桓少君与鲍宣一起推着小车进了丈夫的家里。过门之后，少君对婆婆和丈夫很敬重，家中所有的杂务都由她一人承担。同乡里的人都称赞她很懂礼节。

汉朝有个隐士梁鸿，他和妻子孟光的感情很深，相互敬重。梁鸿每天从外面回到家里，孟光端出饭菜时都会把托盘举得跟眉毛一样高，表示对丈夫的恭敬。梁鸿吃饭的时候，孟光总是低着头，不去看他。当时的人都感慨道："孟光真是非常敬重她的丈夫！"

杨母责子。

汉朝人仇览很懂得礼仪。他在蒲县当亭长的时候，劝导百姓们完成农事以后要多读书，对一些品行不好的人，就安排他们服役或耕田。他的妻子有了过失，他会脱去自己的冠帽，责备自己的失职。在仇览的教育下，他的几个儿子也很懂礼法，同乡的人都称赞他们。

东汉人杨元琮的母亲刘氏，性情平和、通晓礼仪。她的丈夫很早就去世了，一个人将四个儿子抚养成人。杨元琮是家中长子，时常到外面去喝酒，很晚才回家。刘氏非常生气，很多天都不允许儿子们来拜见她。杨元琮带着三个弟弟，到母亲面前去谢罪。刘氏责备他说："你要明白喝酒应该有节制，不沉溺在酒里才合礼法。现在你醉醺醺地回家，真正是荒唐之极，你自己首先破坏了礼法，怎么教导这些弟弟呢？"杨元琮听后很惭愧，最终改掉了酗酒的毛病。

礼珪尊祭。

汉朝人陈省的妻子礼珪很懂礼仪。礼珪的两个儿媳妇都出自富贵人家，她亲自带领她们从事劳苦的工作，让她们学会勤俭持家。礼珪的一个侄子不懂礼仪，她就断绝了与这个侄子的往来。最终，这个侄子幡然醒悟，悔过自新。后来，她的家乡遭遇了战事，在流亡途中，有人想要拜访她，她换上了庄重的服饰才出去与客人见面。礼珪在祭祀祖先的时候总是很虔诚恭敬，她常说："祭祀是礼法里面很重要的内容！"

汉明帝刘庄做太子时，博士桓荣是他的老师，刘庄对桓荣非常尊敬。他做了皇帝以后，依然经常到桓荣的家里去聆听教诲。桓荣生病的时候，汉明帝亲自登门探望他，车还没到桓荣家门口，他就下车步行前往。进门后，拉着桓荣枯瘦的手，默默垂泪，很久都不愿意离去。桓荣去世的时候，明帝穿着庄重的衣服，亲自为他送丧，并厚待他的子女家人。

孔融让梨。

东汉时期，曲阜人孔融很懂礼仪。孔融四岁的时候，很多客人到他家里来参加一个聚会，孔融的母亲叫他把桌子上的一盘香梨切开分给大家食用。孔融就按长幼次序将梨分给大家，唯独将最小的一份留给自己。父亲奇怪地问他："你把大的梨分给别人，把最小的留给自己，为什么呢？"孔融回答道："树木有高低之别，人有老幼之分，尊敬老人是懂道理的表现！"听到孔融的回答，父亲很是高兴，宾客们也都赞赏他懂礼仪。

北魏的长孙庆明为人正直，很有操守。皇帝非常敬重他，任命他做了都督，统帅很多的军队。当时荆州地方有个很不好的习惯——小辈的人不去侍奉长辈。长孙庆明耐心地用礼仪去教化他们："做儿子的要孝顺父母，做弟弟的要敬重哥哥。"后来，荆州的风俗慢慢变好了，当地的人都很感激他。

楚媛不违。

隋朝人梁彦光在相州做刺史的时候，用礼乐去教化当地民众。他请来乡里品行端正的读书人，开办学校，传播圣贤的礼法。一段时间以后，相州地方的风俗有了很大转变，人人都变得刻苦勤勉。当地人都感慨：“梁太守将我们培养成为品行善良、懂得礼仪的人，我们要好好地感谢他！”

楚媛是唐朝时的一位大家闺秀，为人知书达礼。楚媛小的时候，父亲得了疾病，楚媛忧愁得连饭也吃不下去，日夜陪伴在父亲身边。楚媛长大以后，嫁给裴仲将做妻子。她待公婆和丈夫很恭敬，与乡里人关系和睦。有人问楚媛：“人活在世界上开心就好，你何必这样辛苦？”楚媛回答道：“我从小就喜欢学习礼法，长大以后也按照礼法约束自己的行为。我只希望自己的行为是符合礼法的就心满意足了。”大家听后都很佩服她。

意辛礼法。

宋朝时，辽国驸马萧陶苏斡有一位女儿叫萧意辛。有一天，她和姐妹们一起讨论取得丈夫宠爱的方法。很多人都说应该用邪法。萧意辛说：“用邪法比不上用礼法。”大家就问萧意辛怎样叫合乎礼法。萧意辛说：“自己的行为要谨慎，侍奉长辈们要恭敬，待丈夫要温柔和顺，对待小辈要宽宏大量，这样就叫作礼法。这四种样样做到了，那么丈夫自然不敢看轻了。”大家听了萧意辛的话，都觉得又惭愧、又佩服。

宋代吕希哲的母亲被封为申国夫人。她一直教育儿子做事要懂礼仪、讲规矩，要求他拜见长辈的时候必须穿戴整齐，并注重自己的言行。即使在家里也不能因为没有人注意就放松对自己的要求。吕希哲从小到大没有听过不正当的言论，没有读过不正经的书籍。后来，吕希哲在德行和事业上都有很大的成就。人们都说，这与申国夫人“以礼教子”是分不开的。

程门立雪。

宋朝人杨时学问很好。他考中进士后放弃了做官的机会，拜著名儒者程颢为师，继续研习学问。杨时对老师很恭敬，老师也非常欣赏他。程颢去世后，杨时又拜他的弟弟程颐为师，并且对老师愈加恭敬。有一天，程颐在家中闭目休息，突然天降大雪，杨时在程颐旁边侍立着，一直不肯离开。等到程颐醒了，门外的雪已经有一尺多厚了。

宋朝大思想家朱熹为人端庄稳重，很懂礼仪。他平常在家天还没亮就起床，很正式地穿戴衣帽，然后到家庙里和先圣神位前去跪拜。去书房读书的时候，书桌和各种书籍都摆放得非常整齐，有时候看书疲倦了，他就闭着眼睛端正地坐着休息。朱熹曾这样教育孩子：走路要从容、规范，不要手舞足蹈，更不要慌慌忙忙，要稳稳当当。即使在家里，也要注意走路的仪态，只有在长辈喊你的时候才能跑着过去。朱熹的孩子们长大以后都很懂礼仪，得到时人的称赞。当时有许多人跟着朱熹学习礼仪。

朱王女范。

南宋人蔡廓，言行处处都恪守礼法。他的母亲死后他守了三年的丧。蔡廓侍奉他的哥哥蔡轨就像待父亲一样恭敬。家里一切大小事物都一定要告知哥哥后才去做；做官得来的俸禄和皇上的赏赐也都交给哥哥。后来蔡廓做了豫章的太守，在家乡造了两座房子，把先造好的房子给哥哥居住。蔡廓去世后，他的儿子蔡兴宗深受父亲影响，侍奉伯父蔡轨颐养天年。

明朝人朱诠铩的妻子王氏是个很有德行的人。她勤俭持家，对丈夫很有礼节。丈夫去世后，王氏整日穿着丧服，粗茶淡饭，在家里为丈夫守丧，谢绝宾客来往。她时常教育孩子们要懂得礼仪，后来她写了一本书，名叫《女范》，在当时社会上很受欢迎。

白孟礼教。

明朝人颜从仕的母亲游氏性情端庄，为人诚实恭敬，勤俭持家。她亲自监督几个儿子读书，日复一日毫不懈怠。游氏用礼法教导媳妇们，要求她们在家里要穿着得体，尊敬长辈，不能有丝毫的怠慢。颜家有好几百人，平时却非常安静，当地人都把颜家当作榜样。

明朝人白圭的妻子孟氏生性端庄幽静，很懂礼节。她随丈夫居住在外，时常为自己不能时刻侍奉家里的老人感到担忧，有好的东西总是先寄回家里。孟氏常对自己的儿子说："如果做母亲的袒护自己儿子的不好的行为，会害了自己儿子的，所以我不会袒护你的错误。"孟氏对自己的媳妇也很讲礼法，平日对待她们很客气，还带领她们一起养蚕缫丝。孟氏说："我的几个媳妇都来自富贵人家，我要让她们知道生活的不容易，她们就能学会勤俭持家了。"

君自保重，我心送你三十里。

明清之际的大思想家王夫之待人谦和有礼。有一次，一位朋友来看他，两人畅谈十分投机。等到天色已晚，朋友告辞回家，王夫之虽然体弱多病，仍然起身将友人送到门口，说道："君自保重，我心送你三十里。"友人依依惜别，在走出十五里后发现忘记带伞，转身返回。他到门口的时候发现王夫之仍然站在原地，"心送"朋友走完三十里。

清代汉军旗人李雨苍，很有个性，曾经以普通士人的身份拜访曾国藩。恰巧曾国藩不在家，曾公子接待了他。曾公子看到李雨苍衣服破旧而又风尘满面，露出轻慢之色。李雨苍冲上前去就动手教训说："你父亲以礼贤下士名闻天下，你怎么敢如此轻慢读书人！"曾公子道了歉，这才罢休。曾国藩回来后对他另眼相看，留在身边，让他带兵，一直推荐他做到参赞大臣。

梅郎尊师。

南京国民政府以蒋介石的名义请马寅初赴宴，派人奉上名片。马寅初对来人说：“委员长是军事长官，我是文职，文职不去拜见军方！再说，我给委员长讲过课，他是我的学生。学生不来拜见老师，倒叫老师去拜见学生，岂有此理！他如真有话要说，叫他来找我！”

京剧大师梅兰芳曾经拜画家齐白石为师，时刻恪行弟子之礼。有一天，齐白石与梅兰芳一起参加一个宴席，白石老人先到，但穿着略显寒酸，不被在场的人所关注。等梅兰芳到的时候，主人和宾客都笑脸相迎，争先恐后地与他寒暄。梅兰芳看到被冷落在一旁的白石老人，撇下众人，向恩师恭恭敬敬地行了一个礼，叫了一声“老师”，并致意问安。在座的人见状都感到非常惊讶，齐白石深受感动。

家風

知耻

■ 在中国文化中，道德与人的羞耻感紧密相连。可以说，羞耻感是人的道德底线，丧失了羞耻感，做任何恶事都不会觉得良心不安，也就丧失了追求自身人格完善的动力。颜回“不贰过”，曾子每日“三省吾身”，他们身上都有一种可贵的自我反思精神。孔子说“知耻近乎勇”，一个人有了羞耻心，心灵之中才会产生良知，从而懂得反省自己，愿意不断完善自己，形成善良美好的道德人格。知耻意味着，不达到某种人之为人或者更高的道德水准和高度就应引以为耻。从这个意义上说，一个知耻的人往往是一个有原则的人，也是一个具有道德理想的人。

不食周粮。

周武王打败殷商之后，天下都归附周朝。但是，孤竹君的两个儿子伯夷、叔齐却认为这样做可耻，他们坚守节操，不吃周朝的粮食，隐居到首阳山，靠采集薇蕨来充饥，最终饿死在首阳山。

孔子弟子颜琛非常聪明，经常向孔子请教问题。一天，颜琛走到门口时，听见孔子正与东门长老聊天。长老说："总听您夸颜琛聪明，他将来会很有出息吧？"孔子叹了口气说："他是很聪明，但就是不肯下功夫读书，我没指望他有大成就！"颜琛听到这话，感到很羞愧，便在家苦读了三年书。三年后，颜琛再与孔子交流的时候，对答如流。后来，颜琛才知道孔子当年是为了激励他才说出那样的话的。

葆申刑谏。

楚文王即位之初不务正业，整日寻欢作乐，不理朝政。大臣葆申冒死进谏：“先王要求我等竭力辅佐大王，以使大王成为一代明君。现在您不履行君王的职责，按照先王法度，应被施以鞭刑。”说完，葆申拉过席子，让文王伏在上面，将楚武王赐的长鞭高高挥起，轻轻落下。楚文王说：“同样是有受鞭刑的名声，索性真的打我一顿吧！”葆申说：“对于君子，要使他心里感到羞耻；对于小人，要让他皮肉觉得疼痛。如果让他感到羞耻仍不能改正，那么让他觉得疼痛又有什么用处？”葆申说完，请求楚文王治自己死罪。文王感到非常羞愧，从此改弦更张，罢黜三宠，治国理政，楚国也日益强盛。

齐国宰相晏子出门，车夫茂冉驾车的时候得意扬扬，被茂冉的妻子看到了。回家后，茂冉的妻子请求离婚。茂冉问其原因，妻子说：“晏子身高不到六尺长，名满天下，态度很谦和。你身高有八尺长，不过是一个给人家驾车的奴仆，却这么趾高气扬。”茂冉听了，觉得很羞愧，从此变得谦逊了。晏子感到奇怪，就去问他是什么缘故。茂冉把事情原委告诉了晏子，晏子称许他能够改过自新，就推荐他做了齐国的大夫。

卧薪尝胆。

春秋时期，越王勾践战败并被吴王俘虏，受尽屈辱。在吴王生病时，勾践为了讨好吴王，甚至通过尝粪来给吴王诊断病情。后来，吴王赦免勾践，放其归国。回国后的勾践不忘耻辱，谋划着打败吴国。勾践每天睡在柴火堆上，在座位上悬挂苦胆，每天睡前或休息时都要尝一尝苦味儿，以提醒自己以前所受的痛苦和屈辱。勾践与夫人亲自参加劳动，善用有才能的人，经过多年的准备，最终一举消灭了吴国。

战国时的苏秦，不甘心以务农为生，拜鬼谷子为师，学成后游说诸侯多年，没有得到重用。当他穷困潦倒回到家乡时，人们都讥笑他不治生产而逞口舌之利，舍本逐末。苏秦深感惭愧，从此发奋读书。有时读到半夜，累了困了，他就用锥子扎自己的大腿。苏秦还把头发用带子系起拴到房梁上，一打瞌睡，揪得头皮疼，却越读越精神。一年后，苏秦揣摩出合纵之术，游说六国，帮助六国诸侯订立了合纵的联盟，身佩六国相印，成为当时举足轻重的大人物。

商鞅变法。

公元前361年，年仅二十一岁的秦孝公正式登基。这时的秦国，国力比较弱小，周天子和各诸侯国都不把秦国当回事。秦孝公在《求贤令》中说："诸侯看不起秦国，这是最大的耻辱。"他表示，各国之人，只要有办法让秦国强大，他都愿意给予高位，委以重任。卫国人商鞅在这种背景下来到秦国，并很快受到重视。经过商鞅两次有力的改革举措，秦国终于成为当时最强大的国家。

汉朝张磐任交趾刺史时被荆州刺史度尚诬害，汉桓帝下诏将其关进牢狱。案件还没有审理完的时候，遇到国家大赦，张磐却死活不肯走出牢狱。狱吏对他说："特赦是天恩浩荡，难得的机会，你却不肯出去，这是为何？"他说："但凡一件事情，总是有虚有实，国家的法律，也一定有是有非。假若我本来就无罪，那根本就不用赦免。如果我为了出去而不把事情弄清楚，那就会永久受这项罪名羞辱，所以我请求和度尚当庭对辩，以求证明此事真伪。"后来，汉桓帝就让他们当庭对质，度尚理亏认罪。

蒲鞭示辱。

东汉有一位贤人叫淳于恭。家中山地上长着很多果树，遇到来偷果子的人，他就帮着一起采摘。有一回，他看到有人偷他们家的庄稼，担心这人因为被发现而觉得惭愧，就躲在草里不出来，等人家偷完了，这才起来。家乡的人都被他的善良感动，社会风气越来越好。淳于恭还抚养亡兄留下的儿子，他教侄儿读书。侄儿如果做错了事，淳于恭就用棍子打自己的小腿，以此感化侄儿。侄儿看了非常惭愧，以后就很少犯错误了。

东汉刘宽，为人温和仁厚。有一次，刘宽外出时碰到有人丢了牛，丢牛的人看到刘宽拉车的牛，便说这牛就是他丢的。刘宽不作辩解，下车步行回家。不久，丢牛的人找到了自己的牛，非常愧疚和羞耻，特地跑去刘宽那里磕头谢罪。后来刘宽做了三郡的太守，每逢下属和百姓们有了过失，都只用蒲草做的鞭子打他们，以激发他们的羞耻之心，犯错的人往往能改过自新。

瘦羊博士。

东汉甄宇因精通《春秋》，被朝廷拜为博士。每年岁祭之后，皇帝会下诏赐博士们每人一只羊。因为羊有大小肥瘦，有的人提议杀羊分肉以求平均，有人主张抓阄。博士甄宇对斤斤计较的分羊办法感到羞耻，就带头取了最瘦的那只羊，于是众人不再争执。此后，“瘦羊博士”这一雅号传遍京师。

东汉时期王烈，字彦方。乡里有个人偷牛被主人抓到了，于是对牛主人说：“我心甘情愿受惩罚，但是你不要让王烈知道了。”王烈听后，就差人去谢那个偷牛的人，并且送给他一匹布。有人问王烈为什么，王烈说：“那个偷牛的人害怕我晓得他的过失，这就是有了羞耻之心。一个人有羞耻之心就不难改过迁善，所以我要鼓励他。”后来有个人把宝剑遗失在路上，那个偷牛的人就一直守着，等待失主前来认领。

士别三日，当刮目相待。

吕蒙是三国时期的东吴名将，身居要职，但因少时没有机会读书，所以学识浅薄。有一次，吴主孙权对吕蒙说：“你现在当权管事了，一定要学习！”吕蒙用军中事务多来推托。孙权说：“我不要你去研究儒家经典，只是让你去粗略地阅读，多了解点历史，你事情再多也多不过我啊。”吕蒙感到非常羞愧，于是开始学习。后来，鲁肃来到寻阳，与吕蒙议论，十分惊奇：“你现在的才干和谋略，不再是原来那个吴下阿蒙了！”

管宁是三国时期的人，从小就很有善心。他住的地方有一口井，汲水的人为了抢先，经常很早起来排长队，有的后来的人也想抢先，所以经常发生争斗。管宁就买了许多汲水的器具，比汲水的人起得都早，在他们来之前就盛满了水，放在井边等他们取走。抢先汲水的人都深受感动，同时也很惭愧。此后，乡里的风气也变好了。

百行德为首。

三国时期曹魏的许允娶了阮卫尉的女儿为妻，洞房花烛之夜，发现阮家女貌丑容陋，便跑出新房，不肯再进。他的朋友桓范对他说："阮家嫁丑女于你，必有原因，你得考察考察她。"许允于是跨进了新房，但一见妻子容貌又要往外溜，新妇一把拽住他。许允挣扎着说："妇有四德，你符合几条？"新妇说："德、言、工、貌，我缺的仅仅是貌，而读书人有百行，您又符合几条？"许允说："我百行具备。"新妇说："百行德为首，您好色不好德，哪里具备？"许允哑口无言，感到非常羞愧。从此夫妻相敬相爱，感情和谐。

王济是晋代的贵族子弟。有一次，晋武帝司马炎想要先把王济骂一顿，再封他爵位。于是他把王济招来责备了一番，又问道："你觉得惭愧吗？"王济答道："汉朝淮南王和汉文帝兄弟之间颇有恩怨，于是就有歌谣说：'一尺布，尚可缝；一斗粟，尚可舂。兄弟二人不相容。'做臣子的都替他们感到羞耻，现在我不能够让皇上亲睦亲族，是我有愧于皇上。"王济不在乎自己能不能做官，而是借机向司马炎进谏，要求司马炎善待弟弟司马攸。司马炎听了这番话，非常愧疚，默然不语。

周处改过。

晋朝有个赵彦霄，他哥哥赵彦云不务正业，彦霄屡次劝说他都听不进去，于是彦霄提出分家。分家后五年，彦云家财耗尽，还欠了好多债。弟弟就把哥嫂接到家里来喝酒，并对兄长说：“我本没有分家的想法，因哥哥花销没有节制，怕祖产被耗尽才提出分家。现在我还有祖产的一半，日常花销足够，想邀请哥嫂同住，主持家事。”随即把分家文书拿出来烧掉，还替哥嫂还了钱。哥嫂惭愧不已，十分感激。此后，哥嫂处事有度，勤劳节俭。

西晋时期的周处十八九岁的时候不爱读书，嗜酒，经常打架闹事。一天周处遇见一位老人，周处问：“今年风调雨顺，为什么乡亲们还是闷闷不乐？”老人说：“村里有三害没除，前两害是南山上的白额老虎和长桥下的蛟龙。”“那第三害呢？”周处问道。“第三害就是你啊！”老人回答。周处听了心里难过极了，决定辞别家乡外出求学，磨炼操守和德行。后来，周处学有所成，担任了御史中丞，为官清正廉洁。

浪子回头金不换。

西晋皇甫谧小时候顽劣异常，被村子里的人称为小霸王。一次，他将同窗家的枣树的树皮铲掉，枣树不久就枯萎了。全村人都不愿意搭理他。他到了二十岁还不好好学习，终日无节制地游荡，有的人以为他是傻子。后来在婶婶的教育下，他知道了羞耻，终于浪子回头，发奋读书，成了著名的学者和医学家。

东晋戴渊年轻时有侠义之名，却不注意品行，曾在长江、淮河间袭击、抢劫商人和旅客。当时著名文学家陆机回洛阳，行李很多，戴渊便指使一班年轻人去抢劫。他坐在椅子上指挥手下的人，安排得头头是道。戴渊原本风度不凡，即使是抢劫，也仍然显得意气风发。陆机对他说："你有这样的才能，为什么要做强盗呢？"戴渊感到非常羞愧，便扔掉剑投靠了陆机。戴渊谈吐不凡，很有见识。陆机非常看重他，并写信予以推荐。后来，戴渊官至征西将军。

房母化孝。

北魏房景伯任清河太守时，当地一位妇人来控告她儿子不孝。房景伯的母亲崔氏是一位贤母，得知此事后，没让他治妇人儿子的罪，而是把妇人叫来和自己一同吃住，又叫妇人的儿子跟在房景伯身边。每日房景伯去侍候崔氏的时候，妇人儿子就立在堂下看着。不到十天，妇人的儿子就说悔改了，要求回去。崔氏说这只是表面上的惭愧，且不要理他。又过了二十多天，妇人儿子叩头叩到流血了，妇人流着眼泪要求回去。后来，妇人的儿子竟以孝顺闻名乡里。

北魏傅永，字修期，从小跟随叔父来到北方。他很有气魄和才干，勇力过人。傅永有个朋友给他写信，但是他却因为文化程度低没法回信，就请教叔父。叔父严厉地责备他，不帮他回信。傅永感到特别羞愧，于是发奋读书，广泛阅读经书和史书，兼有文韬武略。皇帝常赞叹说："战场上能击退贼兵，平时能作文书，只有傅修期了。"

舍身救父。

南北朝时期的梁代有个叫吉翂的人，他的父亲被奸臣诬陷，罪名当死。十五岁的吉翂就去朝堂上击鼓鸣冤，要求代替父亲去死。梁武帝为他的孝心所感动，就把他父亲放了。地方官员王志把吉翂当作孝子的典型，准备举荐他到朝廷里去做官。吉翂说道："父亲有难，做儿子的代替他去死是应该的。倘若我因此而走上仕途，那就是出卖父亲的名誉去追求自身的前程，这是天底下最大的耻辱。"吉翂一再拒绝，王志最后放弃了推荐。

南北朝时，北周有一个叫于义的人，被封为广都县公，并担任安武太守。他崇尚教化，反对严厉的刑罚。有两个安武人，一个叫张善安，一个叫王叔儿，为了争夺钱财打起官司。于义说："这是我做太守道德浅薄的缘故。"于是他就把自己的家产分给他们两个，劝解了一番，叫他们回去了。张善安和王叔儿两个人都觉得很惭愧，就搬到别的地方去了。从此以后，安武地方的民风就非常和谐了。

李密牛角挂书。

隋朝李密年少时曾被派在隋炀帝的宫廷里当侍卫。他生性灵活，在值班的时候，左顾右盼，被隋炀帝发现了，认为这孩子不大老实，就免了他的差使。李密并不懊丧，回家以后，发奋读书，决定做个有学问的人。有一回，李密骑着一头牛，出门会友。在路上，他把《汉书》挂在牛角上，抓紧时间读书。

唐代大诗人白居易在杭州任刺史期间，从未收受贿赂或向当地索取过名贵物品。他离任还乡时，却发现箱内有两片玲珑可爱的山石。他一想到此事就感觉非常羞愧，于是便写下了自责诗："三年为刺史，饮水复食蘖。唯向天竺山，取得两片石。此抵有千金，无乃伤清白。"

李纲劝谏。

唐朝大臣李纲，担任礼部尚书兼太子詹事，负责教导太子李建成。后来，太子渐渐开始亲近无赖，胡乱猜忌，与朝廷有了隔阂。李纲频频进谏不被听从，于是请求退休。高祖皇帝因此而责备他，他却说：“陛下您是明主，但是我说的话每次都像石沉大海一样，没有任何影响，劝谏太子也一样。这样我不仅会侮辱了尚书一职，而且还会侮辱了太子的名声。”高祖皇帝承诺会慎重考虑他的建议，李纲才肯重新就职。

唐朝诗人白居易目睹农夫顶风冒雨辛勤劳作，念及他们交税后钱物所剩无几的悲苦生活，再想到自己有着相对优厚的俸禄，感到非常惭愧，便赋诗抒情：“自惭禄仕者，曾不营农作；饱食无所劳，何殊卫人鹤？”北宋诗人苏轼关心民生疾苦，在另一首诗里内疚道：“永愧此邦人，芒刺在肌肤。”

警枕。

北宋尹洙任经略判官时与当时尚未出名的狄青谈论军事，很欣赏他，便把他推荐给韩琦、范仲淹，并说："这是良将之材。"二人一见狄青，便认为他是个奇才，对他以厚礼相待。范仲淹教他读《左氏春秋》，对他说："将帅不知古今历史，就只有匹夫之勇。"狄青深感惭愧，从此改变志趣，认真读书，终于精通秦汉以来各朝代名将的兵法，自己也成为一代名将。

北宋司马光小时候贪玩贪睡，老师经常批评他，同学也经常嘲笑他。为了不被嘲笑，他决心早早起床。他每天睡觉前都要喝满一肚子水，结果有一天早上没有被憋醒，却尿了床。此后，司马光用圆木头作了一个警枕，早上一翻身，头滑落在床板上，自然惊醒。经过多年苦读，司马光终成一代史学家、文学家。

庐革避试。

北宋名臣薛奎遇事敢于直言，只要他认为不合理的事，都要设法纠正，如果遇到无法合理解决的问题，回家后会一直叹气，连饭也吃不下。家里人劝他不必如此，他回答说：“我一方面惭愧自己不如古人，一方面又担心后人笑话我。”薛奎出使契丹时，深受辽人尊敬，以至于辽国使臣每次到大宋，都要问一问薛奎怎么样了。当辽人得知薛奎担任参知政事后，都说大宋会用人。

宋朝庐革，年龄很小的时候就考取了秀才。杭州知府马亮看到他的诗句，非常欣赏。这时适逢选拔举人的考试，马亮就关照考官在录取的时候不要漏掉庐革。庐革知道后说：“靠私情被录取为举人，是我的耻辱。”庐革立即放弃了本次考试。两年后，庐革考取举人，进士及第的时候不过十六岁。宋神宗对负责用人的宰相说：“听说庐革是位廉洁谦让的读书人，应该选一个好地方给他担任郡守。”

宁为玉碎，不为瓦全。

北宋范纯仁是名臣范仲淹的儿子，与司马光在政见上有分歧。后来，朝廷里惩治司马光一党，有一个叫韩维的人，因为以前同司马光意见不合而得到幸免。有人劝范纯仁也去说明一下，好让自己免罪。范纯仁说："我以前和司马光在朝廷里论事，意见不合是正常的，现在要把这个当作脱罪的理由，是羞耻的。与其带着惭愧活着，不如问心无愧地去死。"

南宋张弼的妻子徐氏非常有气节。建炎三年（1129），金人攻打扬州，官兵望风奔逃。打了败仗的官兵却在地方上胡作非为，把徐氏抓走，要侮辱她。徐氏大骂："朝廷养你们是为了在急难的时候有用，现在敌人来了，你们不能同赴国难，却在此抢劫掳掠。可惜我是一个女子，不能拿宝剑把你们的头割下来，以维护国家尊严，平息民愤。我就算死也不愿意受侮辱！"那些兵士听了她的一番话，又羞又恨，把她杀了，尸体抛入江中。

朱陈不辱。

南宋朱氏和陈氏是皇宫里的两位宫人。南宋灭亡后，两人都被强行掳掠到元朝的宫里。一天晚上，朱氏和陈氏洗浴整衣，双双上吊自杀。朱氏的衣裳里面藏着一张纸，纸上写着绝命词说："既不辱国，亦免辱身。世食宋禄，羞为虏臣。今日之事，守于一贞。忠臣孝子，期以自新。"

明代唐伯虎自幼聪明，在绘画方面很有天赋，师从大画家沈周，绘画技艺进步很快，深受老师的称赞。由于沈周的欣赏，唐伯虎产生了自满情绪。沈周看在眼中，记在心里。一次吃饭，沈周让唐伯虎去开窗户，唐伯虎发现自己要打开的窗户竟是老师的一幅画。唐伯虎非常惭愧，从此潜心学画，终成一代名家。

致良知。

明代王恕曾经说："在朝为官，把别人送的礼品带回家是可耻的。在地方为官，到京城去送礼也是可耻的。现在的人动不动就收礼送礼，这么不知羞耻，我真的为此感到羞愧。"王恕写给皇帝的奏疏很多，朝中大臣都很怕他。王恕死的时候，皇帝赐他谥号"端毅"，意思是为人正直且很有原则。他的五个儿子十三个孙子，都很贤能，也很有成就。

有一次，王阳明外出，不幸与同行的人一起被盗贼抢劫，当盗贼得知他是阳明先生时，就问他："您说人人都有良知，我们这些盗贼也有良知吗？"王阳明肯定地回答："有。"盗贼反问："怎么能证明呢？"王阳明说："现在照我说的去做，我证明给你们看。"于是，王阳明让他们脱掉外衣、内衣，一层层地脱掉，直到剩下最后一条内裤的时候，还命令他们脱掉。盗贼喊道："不行，这个不能再脱了！"王阳明说："这知耻就是你们的良知！"

一羞发愤。

光绪年间，朱起凤的外祖翰林吴浚宣掌教海宁安澜书院，嘱托朱起凤代阅课卷。有份课卷中用成语“首施两端”，起凤疑为笔误，加批语“当作首鼠两端”。实际上“首施”一词源自《后汉书》。卷发后，大家哄堂大笑。经此教训，起风知羞耻而发愤图强，凡遇别体异文就随手摘记，潜心词语研究。从光绪二十二年（1896）开始，他孜孜矻矻，历时三十余年，易稿十余次，终于在民国十九年（1930）写成三百多万字的《辞通》。

曾国藩曾经五次考秀才，都名落孙山。第六次，曾国藩考前下了苦功，考后也自觉发挥不错。结果发榜之日，官方责其“文理太浅”，以佾（yì）生注册。所谓佾生，是指考秀才虽未入闱但成绩尚好者，可以选取充任孔庙中祭礼乐舞的人员。获得佾生资格则下次考试不必参加县试、府试，只参加院试即可，又称“半个秀才”。曾国藩视此为奇耻大辱，回到家塾闭门不出，咬牙发愤。第七次参加考试的时候，终于中了秀才。此后一年，他就中了举人；又四年，中进士、点翰林，从此飞黄腾达。

洗辱牌。

清末，永州总兵樊燮去长沙谒见湖南巡抚骆秉章。骆让樊参见师爷左宗棠，樊不愿向左行礼，并出言顶撞："我乃朝廷正二品总兵，岂有向四品幕僚请安的道理？"左宗棠盛怒，跳起来用脚踹樊总兵，还高声骂道："王八蛋，滚出去。"二人纠葛一直闹到咸丰皇帝那里，清廷因为镇压太平天国急需用人，故而做出了迁就左宗棠的决定，樊燮被革职回籍。樊燮忍辱含垢回到原籍湖北恩施，建了一栋楼房。楼房建成之日，樊燮把"王八蛋，滚出去"这六个字写在小木板上，放在家里供祖宗神位的牌子下面，名为洗辱牌。此后，他重金聘请名师为两个儿子执教，不准两个儿子下楼，并且给儿子们穿上女人衣裤，立下家规："考秀才进学，脱外女服；中举人，脱内女服；中进士，焚洗辱牌，告先人以无罪。"二子谨受父命，在书案上刻下"左宗棠可杀"五字，寒窗苦读，闭门不出。后来，樊燮二子一中进士，一中举人。特别是老二樊山，中进士、点翰林，最终做到参与军机的高位，还是个大诗人。樊山进士及第高中报捷那天，兄弟俩恭恭敬敬地到父亲坟头报喜，当众焚烧"王八蛋，滚出去"木牌。

名落孙山。

清末状元张謇自幼苦读，十六岁赴乡试却名落孙山。回到学塾，塾师觉得很不光彩，大声呵斥道："要是有一千人去考，取九百九十九人，只有一个人不取，这个人就是你张謇！"塾师的话让张謇非常难过和羞愧。之后他决定发奋读书，在睡觉的时候，用筷子将发辫别住，只要头一动，身子一翻就立即醒来，不管天亮与否，都坐起来读书。后来张謇学有所成，中了状元，成为清末民初的大实业家、我国现代工业的开拓者之一。

家風

崇俭

■ “历览前贤国与家，成由勤俭败由奢。”节俭是中华民族的传统美德，是立身之本，也是持家之宝。家庭成员的节俭，既是对自然资源的爱惜，也是对他人劳动成果的尊重。个人或家庭追求奢华生活，就会以不正当手段掠夺社会财富，其结果必然是灾祸降临。节俭可以降低贪欲，从而帮助我们远离种种祸患。

妻不衣帛，马不食粟。

春秋时期，楚国令尹孙叔敖非常俭朴，“妻不衣帛，马不食粟”，平时乘坐破车，穿着旧衣服。他的随从不解道：“坐新车安全，乘好马跑得快，穿狐裘暖和，您为什么不要新车、好马、狐裘呢？”孙叔敖解释道：“君子穿上好衣服更加恭谨，小人穿上好衣服更加傲慢。我没有好的品德，不应享受新车、好马、狐裘。”

季文子是春秋时期的鲁国贵族，虽然地位显赫，但始终坚持俭朴的生活。他的婢妾从不穿丝绸，马只用糟糠作饲料。当时的达官贵族对此很不理解，有个叫仲孙的人劝他道：“您是鲁国的国相，但是您的婢妾不穿丝绸，厩中的马不吃用粮食做的上等精料，别人都觉得这样太吝啬了，简直丢鲁国的脸！”季文子却说：“我也未尝不想过奢华的生活，但是看到国内的老百姓还有很多人吃穿都很差，食不果腹、衣不蔽体，我这个国相怎能让自己的婢妾衣着华丽、自己的马吃上等粮食呢！而且我听说只有德行、荣誉才可以使国家有光彩，没听说用炫耀富贵来为国家争光的。”

十缕麻布。

齐景公认为晏子家里太穷，要赏赐他大量黄金，并让他收市场税。晏子推辞说："我家里不贫穷。我听说，从国君那里取得丰厚的财物而施惠于百姓，这是为臣子的代替国君去做好事，忠臣不为；而若不施与百姓，这是用筐箧收藏财物归为己有，仁人不为；入朝向国君取得财物，退朝后不分给众人，这是给家臣收藏财物，智者不为。十缕麻布，一锅食物，免予冻饿，我就心满意足了。"

萧何治家以节俭闻名，平时置田宅，只挑些穷僻之处，从不占民良田，府邸也不修高大房屋。他对家人说："我这是为后人打算。后人倘若贤仁，就让他们效法我的节俭吧；倘若不贤，豪门世家也不会看上这穷田陋房而欺夺。"

光武遗诏。

汉文帝注重节俭。当时国家几十年没有战争，积蓄越来越多。有人建议在宫里建造一个露台，汉文帝召集工匠计算一下花费。工匠仔细一算，需要黄金一百斤，汉文帝立即下令停止建造。他说："一百斤黄金，相当于十户中等人家的全部财产。我现在住在先帝建造的宫殿里，已经觉得很惭愧了，何必再造露台呢？"汉文帝在位二十三年，宫室、园林、服饰和各种御用器具，几乎没有什么增加。

汉光武帝刘秀生长于民间，深知民间疾苦。天下平定之后，他提倡简约，身上穿的是粗布衣服，也没有声色犬马等爱好。建武十三年（37），外国进献一匹名马，一日千里，又进献一把宝剑，售价达二百金以上。光武帝下诏让马去拉鼓车，把剑赐给骑士。光武帝的遗诏写道："我无益于百姓，后事都照孝文皇帝制度，务必俭省。刺史、二千石长吏都不要离开自己所在的城邑，不要派官员或通过驿传邮寄唁函吊唁。"

家无余财。

三国时，是仪受到孙权的信任，专门主管机密事宜，授骑都尉官职。是仪不经营产业，不接受别人施予的恩惠，穿衣不求精细，饮食极为简单，把钱财都用来拯救和赡养贫穷困苦的人，家中没有什么储蓄。一次，是仪的邻居家盖大房子，孙权远远望见，问盖大房子的人是谁，左右的人回答说："好像是是仪家。"孙权说："是仪节俭，一定不是他。"派人一打听，果然是别人家。

西晋将军羊祜为官清廉，生活俭朴，衣服被褥都用素布，所得俸禄常用来周济他人，因此家无余财。羊祜临终前，嘱咐子女两件事：一、不得将他的官印入柩；二、不得修陵寝。晋武帝念其功高，下诏表彰他清廉、谦让的高尚美德，并赐葬地一顷，追封侍中、太傅。

王恭送席。

东晋庾冰是个清廉节俭的官员。他的儿子庾袭赊欠了官府十匹绢，庾冰知道后非常生气，打了他一顿，并且买回绢布归还府库。临死前，他吩咐手下的长史：“我死后，以平常服装入殓，不要使用任何官府的物品。”

东晋时期，王恭从会稽郡回京城建康，他的叔叔王大来看望他。看见王恭坐着一张六尺长的竹席，就对他说：“你从东边回来，一定有很多这种东西，能不能给我一个？”王恭没有回答。王大去后，王恭就把坐着的这张席子给王大送去了。自己则坐在草垫上。后来王大听说此事，对王恭说：“我本来以为你那里多，所以才要的。”王恭回答：“您不了解我，我从来没有多余的东西。”

清廉自守。

东晋名将陶侃任荆州刺史时，命令监造船只的官员不论多少把锯木屑全部收集起来。大家都不明白他的用意。正月初一大会僚属的时候，陶侃就让人将木屑铺在雪地上，以方便人们进出。官府用的毛竹，陶侃总是命令把截下的根部收集起来，堆积得像山一样高。桓温伐蜀的时候，就是用这些竹头作钉来组装战船的。

晋代的范宣品性纯洁，生活俭约。豫章太守韩伯送他一百匹绢，他不肯接受，减为五十匹，还是不受。就这样一直减半，减到只剩下一匹，结果范宣还是不受。后来韩伯和范宣同乘一辆车，就在车中扯了二丈绢给范宣，说：“一个人总不能让妻子没有裤子穿吧。”范宣才笑着接受了。

清节历乎风霜。

东晋时期，中书侍郎吴隐之为官清廉，勤俭持家。他对自己及家人的要求极其严格，对普通百姓却乐善好施。哪家生活有困难，他都会慷慨解囊，帮助他们渡过难关。他自己却过着十分清苦的日子，有时家中缺粮，一天只吃一顿饭，家人穿的是布衣，出门都是步行。他时常对家人说："老百姓的日子比我们苦多了，我们怎么能无视百姓疾苦，一味贪图享受呢？以后你们一定要勤俭持家！"

隋文帝杨坚勤于政事，生活非常简朴。除宴请外，平时每餐不食两样肉菜。日常用品，凡有破损的，补好再用。后宫嫔妃，屈指可数，且不准修饰打扮。有一次，文帝要配点止痢药，需要一两胡粉，宫中竟找不到，又曾找织成的衣领，宫中也没有。开皇十四年（594），关中闹饥荒，文帝把百姓所食的豆粉拌糠拿给群臣看，流涕责备自己无德，不准侍臣进奉酒食达一年之久。

临时客厅。

长孙皇后病危，与唐太宗诀别："我活着的时候没有做什么有益的事情，死去就不应耗费过多的财物。况且，葬就是藏的意思，就是要人看不见而已。古来圣贤都崇尚节俭朴素，只有丧失仁德的朝代，才营建高大的坟墓，劳民伤财，为有识之士所嘲笑。我只请求把我靠着山埋葬了，不需要营建坟墓，不要用多层的棺木。陪葬所需的器物，都用木瓦制造。简简单单地送终，就是陛下不忘记我了。"

唐太宗听说魏征住处简陋，多次提出要为他营造宅院，都被拒绝了。魏征患重病时，唐太宗派人去看他。使者发现魏征家中竟然连接待客人的正堂都没有，深受震撼，马上把此事报告给唐太宗。唐太宗立刻下令，将皇宫中准备建造小殿的材料送到魏征家里建成了一个客厅，又赐屏风、几案、手杖，以表彰他的清廉俭朴。魏征不肯接受，唐太宗很了解他的性格，就说："朕这样对待你，是为了国家和百姓，你何必客气呢？"魏征这才收下那些东西。

宰相居陋室。

高力士在唐太宗陵墓的寝宫中，看到小梳头箱子一个，柞木梳子一把，黑色角质篦子一把，用草棍制的刷子一把，赞叹道："先帝举义旗奋斗十余年，方才达到太平盛世，随身所用物品这样俭朴，应该传示给子子孙孙，永远保持勤俭节约的传统。"高力士报告唐玄宗后，唐玄宗至寝宫跪拜奉接道："就是夜明珠、和氏璧，也不会超过它的价值。"

唐代宰相姚崇生活俭朴，平时粗茶淡饭，家人也都穿布衣。姚崇在朝为官时，处理政事来不及回家时就寄居在一座寺院里。唐玄宗曾经要求姚崇住在办公地四方馆，既可以改善生活条件，又可以就近处理政务。姚崇谢绝了玄宗的好意。

清廉不爽。

唐代的卢怀慎不置产业，虽然身居高位，妻儿依然缺衣少食。他所得的俸禄和赏赐，随时全部拿出来赠送给亲戚朋友。卢怀慎得病后，宋璟、卢从愿去探视问候他，只见他床上铺一张破旧的竹席,上面盖一块单薄的草垫子，房门连门帘都没有。风雨袭来，他便举起席子遮蔽自己。不久，卢怀慎去世，家里没有留下任何积蓄。

唐代宗时，李廙担任尚书左丞相，有清廉之称。刘晏是李廙的妹夫，当时正掌管钱财。他看到李廙家的门十分破旧，就命令手下偷偷地测量尺寸，然后用没打磨过的竹子编成门帘子，想要把它送给李廙。帘子做好后，刘晏多次去李廙家，但每次都不敢提这件事就离开了。

以一人治天下，不以天下奉一人。

唐人裴坦官至同中书门下平章事，宰相杨收的女儿嫁给了裴坦的长子，陪嫁的资财很丰厚，各种器具多用金银嵌饰。裴坦崇尚俭朴，知道了很不高兴。有一天，他与妻子、儿女到新媳妇的宅院，见台几上用碟盛果品，裴坦很高兴，又看碟子内，放的是非常名贵的卧鱼犀。裴坦十分愤怒，将茶台推倒，拂袖而去，说："败坏我家法啊！"后来，杨收果然因收受贿赂而受到惩处。

有一次，宋太祖和皇后坐轿同行。皇后发现轿子已经陈旧，而且装饰也很简单，于是建议太祖用黄金来装饰车轿，以显示皇家的威风。宋太祖笑道："朕富有四海，别说用黄金装饰车轿，就是用黄金装修房屋也能办到。不过，朕是为天下百姓守财的，怎么能随便乱用老百姓的钱呢？古人说过'以一人治天下，不以天下奉一人'。如果我只顾满足自己的欲望，百姓还能依靠谁呢？"

由俭入奢易，由奢入俭难。

宋代大儒朱熹有一天去看望女儿。女婿是个穷书生，家里十分贫困。无奈之下，女儿只好跑到屋后的菜园里摘了几根香葱做清汤，然后又煮了锅麦屑饭。女儿从厨房端出葱汤麦饭，心里十分愧疚。朱熹安慰女儿道："俭朴度日，是我们家的好家风。这样的饭菜已经不错了，吃起来可口，还能滋补身体。到你这儿来时，我看见有的人家屋顶上的烟囱还未曾冒烟呢！"

北宋张知白当宰相的时候，住的是破房子，吃穿也和普通人一样。随从劝他说："你贵为宰相，俸禄优厚，生活过于节俭，人们会认为你沽名钓誉。"张知白回答说："以我的俸禄，当然能使全家人过得好一点。但是，人之常情，由俭入奢易，由奢入俭难。我不可能一直有宰相的俸禄，与其将来不能适应由奢侈到俭朴的生活，不如现在就清贫自守。"

幅巾杖履。

宋仁宗赵祯生活非常节约。一次，时值初秋，有官员献上二十八枚蛤蜊。当仁宗了解到这些是远道而来，需要花费二万八千缗钱时，说道："我吃不下！"又有一天早晨，仁宗醒来对侍卫说："昨天晚上我饿得睡不着，想吃烧羊。"侍卫问他为何不下旨采办，仁宗说："我如果一开口，下面就会大肆扰民，所以还是不开口为好！"

北宋的宰相王安石生活简约，吃的是粗茶淡饭，穿的是破衣旧裳。某次，有人到王家送信，见他衣着竟把他误认为家仆。某日，王安石"幅巾杖履，独游山寺"，听到有人谈论文史，就驻足聆听。有人见他穿着寒酸，说："你也听得懂？"王安石说略知一点。那人又问他姓名，王安石拱拱手，规规矩矩地回答说："我姓王，名安石。"那群人听了很惭愧，个个俯首散去。

不穿新袍。

与北宋同时期的辽国，有一位以节俭著称的左丞相张俭。辽国皇帝耶律宗真见张俭每次上朝时都穿着旧袍子，觉得很奇怪：“张丞相每月俸银上千两，不至于买不起新袍子吧？”听别的大臣说，张俭只有这一件皮袍，他不相信，就暗自命令在张俭的皮袍上烧个小洞，作为记号。果然，第二次、第三次上朝，直到第二年冬天，张俭都是穿着这件有个小洞的旧皮袍。

宋代范仲淹的次子范纯仁即将婚娶。长子范纯佑进京采购并请示父亲。范仲淹大笔一挥，在购物单上写下了一首“打油诗”：“一人站立一人卧，两个小人地上坐，家中还有两口人，退回娇儿细琢磨。”并叮嘱长子范纯佑立刻返乡。范纯仁仔细琢磨父亲写下的那四句话，恍然大悟，羞愧不已。原来范仲淹写给儿子的四句“打油诗”是个字谜，谜底就是繁体的“俭”（儉）字。

四菜一汤。

南宋诸将中，只有岳飞终身不纳一妾，也从不去青楼欢歌宴饮。名将吴玠曾花二千贯钱买了一名士人家的女儿送给岳飞。那女子到岳家后，岳飞以屏风遮挡问她："我家的人都穿布衣，吃粗食，娘子若能同甘共苦，便请留下，否则，我不敢留你。"女子听了窃笑不已，显然不愿。岳飞便遣人送回。部将谏阻说不要伤了吴玠的面子，岳飞说："国耻未雪，岂是大将安逸取乐之时？"

朱元璋当了皇帝后，发现一些达官贵人整日花天酒地、奢侈靡费，决心整治这种不正之风。皇后生辰那天，高官都来祝贺。朱元璋吩咐上菜：炒萝卜、炒韭菜、两碗炒青菜和一碗葱花豆腐汤，标准的"四菜一汤"。朱元璋当众宣布："今后众卿请客，最多只能'四菜一汤'，这次皇后的寿宴即是榜样，谁若违反，严惩不贷。"

禄不徒食。

陈友谅非常奢侈，曾经制造了一张非常精致的镂金床。陈灭亡以后，江西行省把镂金床敬献给了明太祖。明太祖叹息道：“这与后蜀昏君孟昶用珍宝做便盆有什么不同！”命令立即销毁。大臣说：“未富而骄，未贵而奢，因而失败。”太祖说：“富了就可骄？贵了就可奢？有了骄和奢，即使富贵也不能保全自身。”

方克勤是明朝初年的著名廉吏，他认为“禄不可白食”，爱民唯恐不及，律己唯恐不严。他只有一件布衣和一件布袍，多年没有更换。他住的房子年久失修，下属想给他修葺一下，他却说：“千万不要因为我去劳累百姓。”然后用自己的俸禄买了几张苇席遮风避雨。别的人做官时奴仆成群，而他为官多年，身边只有儿子和一个仆人。他每次视察所属郡县时，都是轻车简从，食宿所需都由自己的仆人带着，没有从下属那里索取一丝一毫。

海瑞买肉。

明代廉吏王翱出身贫寒，年幼时得到很多家乡人帮助，做官之后回家宴请一众乡邻。大家觉得他做了官，肯定能够请大家吃一顿好的，可是开席的时候发现第一道菜居然是从北京西山摘的柿子，而且一直到天黑就只有柿子吃，再也没有上过别的菜。有的乡邻觉得王翱太小气，就想到他家看看他在吃什么，才知道王翱住的还是原来的旧宅院，吃的还是老百姓吃的普通饭菜。乡邻们才知道王翱确实是个清廉的好官。

海瑞任淳安县令时，穿布袍，吃糙米，自己种菜，只有在母亲生日的时候才破例买了两斤肉。屠夫非常激动地告诉他人："我这辈子终于有机会做海大人的生意了。"总督胡宗宪听说此事后也广为宣扬，认为这是浙江官场的一大新闻。

盖棺之日，囊无余赀。

徐光启是明朝著名的科学家，也是一位清官。崇祯皇帝时，他曾经官至东阁大学士、太子太保，但从来没有利用职权妄取过一文钱。他家非常简陋，床榻没有帷帐，冬天不生炉子，夏天没有扇子。他去世后，人们整理遗物时只发现了一个箱子，里面只有几件破衣服和一两白银。床上的棉被用了多年，露出很多棉絮。崇祯皇帝非常悲痛，赐给徐光启家人办理丧事所需要的财物，派专人护送他的灵柩回乡。

清代吴兴祚做了四十年官，后来位居一品，所得的俸禄和赏赐都分给了部下，没有给家人留下房产和积蓄。他从两广总督卸任返回京城，在瓜洲渡遇到老朋友秦谕德。中午吃饭时，只有粗粮饭就咸鱼，显然跟他的身份很不配。秦谕德说：“吴大人竟然穷到这个份儿上吗？”第二天分别时，吴兴祚满面喜气，告诉秦谕德：“刚才又得到俸禄十多石米，不用担心饿肚子了。”

穷宗师，劳宗师。

康熙年间，嘉兴人陆琦任广西学政，在读书人中非常受尊敬。谢济世在《祭陆太常文》中说：“先生任督学的时候，一日两餐，早上吃粥，晚上吃饭，被称为‘穷宗师’。批改文章时，他日夜阅读，亲自确定等级，被称为‘劳宗师’。”陆琦曾经写有遗言教训子孙说：“不妄交一人，不妄为一事，不妄取一钱。”

清康熙年间于成龙由江防道升任福建按察使，将要开船时，他派人去买来几石萝卜。有人笑着说：“这是便宜东西，何必买这么多？”于成龙说：“萝卜可以压舱，又可以当饭吃，这一路上就靠它了。”他从直隶到江宁上任时，与小儿子雇了一辆驴车，各自带了几十文钱住旅舍，没有住官府提供的驿站和公馆。

康熙二十三年（1684），皇帝钦点汤斌出任江苏巡抚。汤斌身处富裕之地，却过着十分清贫的生活，经常采野菜食用，每餐必须有一味豆腐。因为他姓汤，又喜欢吃豆腐，百姓戏称其为“豆腐汤”。后来，汤斌升任尚书，冬天御寒就靠一件羊皮袄。卫士们无论是认识还是不认识他的，都指着他说：“这位穿羊皮袄的，就是汤尚书。”汤斌去世时，京官前去吊唁，发现他的遗体穿的都是粗布衣服，遗产仅有官银八两。同僚徐干学尚书拿出二十两银子，才把后事办好。

清代朱轼担任浙江巡抚期间，特别重视治理官场和移风易俗。他说：“考察官吏关键在于奖廉惩贪，改变社会风气关键在于去奢崇俭。”他提倡百姓嫁娶费用要适度，乡里来客、祭祀集会宴饮时只能有五盘菜，都是固定的东西，浙江人称它为“朱公席”。某天，朱轼在路上看到一个妇女穿着华丽，问后知其夫是个卖菜的，便派人带她进入官署厨房，让她猜谁是巡抚夫人。当时，朱轼的夫人正同女佣们一起干活，卖菜者之妇分辨不出。朱轼指着自己的夫人告诉她说：“这个做饭的就是我夫人。”然后叫她留下陪夫人吃饭，吃的只是蔬菜，吃完饭便叫她离去。此事传出去后，浙江的风俗为之一变。

戒弟奢侈。

清朝雍正年间，鄂尔泰官至云贵总督。他和弟弟鄂尔奇从小一起长大，但是二人品性却大不相同。鄂尔奇做官之后便开始讲排场，追求享乐。一次，鄂尔泰退朝之后，路过鄂尔奇家。他走进弟弟的宅院，发现里面陈设华丽，奢靡不堪。鄂尔泰站在庭院中，当着众人的面，严厉斥责鄂尔奇："你还记得当初我们没有房子的时候吗？现在刚一改善，你就这么奢靡，我没有你这样的弟弟！"鄂尔奇听了十分后悔，跪在哥哥面前，请求宽恕。看到弟弟有悔改的意愿，鄂尔泰才算作罢。

清代廉吏彭鹏任三河知县时，冬不坐轿，夏不撑伞。当时，三河的百姓每天吃两顿饭，他就入乡随俗，不再吃早饭，每天也只吃两顿，每顿饭只有一碟酱菜、一碟青菜。他很少宴请别人，也从来不接受别人的宴请。他身边的几个仆人因为忍受不了这种清苦的生活，先后离开。

戏无益。

徐本在乾隆初年担任东阁大学士兼礼部尚书。一次，他请假回杭州，恰巧遇上乡里祭祀活动频繁，几处戏场都请求徐本为戏台书写灯联。徐本推辞不掉，便大书道："防贼防奸防火烛；费钱费力费工夫。"又写了一匾："戏无益。"大家明白了他的用意，便停止了活动。

曾国藩在军务极其繁忙之际，仍不忘经常写信教导儿子如何进行家庭财政管理，要求子孙以节俭为务。有一次，他的儿子曾纪泽自作主张修缮旧屋，花费颇多，曾国藩知道后非常生气，马上写信批评，并要求儿子与家中长辈商量，把家中每年用度必不可少者逐条列出，并计算每年田产收入，用其补足家庭用度的缺额。曾国藩核定以后，再从他的俸禄中寄回补充不足部分。

清贫铸铁骨。

李大钊不吸烟、不喝酒，一个大饼、一根葱，粗茶淡饭就满足了。他总是穿一件洗褪了色的布袍子，上班来回要走十多里路，天天步行，从不坐车。每次外出或回家乡，坐火车都是选末等车厢。他和家人节衣缩食，加上买些图书等，每月只用四五十元，其余全部用来接济贫寒学生、工人和支持党的活动。

方志敏在《清贫》中写道："就在我被俘的那一天——一个最不幸的日子，有两个国方兵士，在树林中发现了我，而且猜到我是什么人的时候，他们满肚子热望在我身上搜出一千或八百大洋，或者搜出一些金镯金戒指一类的东西，发个意外之财。哪知道从我上身摸到下身，从袄领捏到袜底，除了一只时表和一支自来水笔之外，一个铜板都没有搜出。"

“特别”的宴会。

1940年6月1日晚，毛泽东设宴款待陈嘉庚。宴会是露天的，就设在毛泽东的窑洞外。餐桌更特别，一张大桌面搭在破旧的小方桌上。桌面坑坑洼洼，铺了几张旧报纸遮盖。吃的是毛泽东自家菜园子里种的大白菜、豆角，最讲究的是每人一碗鸡汤。毛泽东恳请客人谅解，说实在拿不出什么好东西，鸡汤是邻居大娘家唯一的一只鸡，悄悄宰了送来的。事后，陈嘉庚对秘书说，蒋介石像皇帝，毛泽东像农民，“得天下者，共产党也！”

甘祖昌将军对子女要求严格，不许他们有任何特殊待遇。新中国成立后，他依然保持着艰苦朴素的优良传统，自己种菜自己吃，每件衣服至少穿十年，衣服破了就补好再穿，实在不能补了就拿去做鞋底。群众称他：“一身补丁打赤脚，一根烟斗没有嘴，白布手巾肩上搭，走路笔挺快如风。”

一包真正的红茶。

彭德怀不抽烟、不喝酒，但因从小生长在南方茶乡，有喝茶的习惯，买不到茶叶时，就采些酸枣叶子代替茶叶泡着喝。一次，有人从外地给朱德带来一包红茶，朱德原封不动地送给了彭德怀，并关心地说："给你一包真正的茶叶改善一下，总比喝酸枣叶子强吧。"彭德怀十分感动，对这包茶叶特别珍惜，每次喝时，只放一小撮，还总要连续浸泡七八次。

家风

尚廉

■ 廉洁文化是中华传统文化的精华，“以廉为荣，以贪为耻”是历史上许多优秀家族的价值追求。廉洁家风要求我们远离金钱、美色和权力的种种诱惑，“堂堂正正做事，清清白白做人”。个人修身之廉，在于洁身自好，慎独自律。执政为民之廉，在于心底无私，秉公用权。历史表明：清正廉洁之风盛行，则国家昌盛；贪污腐败之风猖獗，则国势衰微。如果清廉正派的家风成为主流，整个社会的清风正气终究会到来。

晏婴辞邑。

春秋时宋国有个人得到了一块玉，把它献给国相子罕，子罕不肯接受。献玉的人说："这是我珍藏的一块宝玉，特地献给您。"子罕说："我把不贪财视为珍宝，你把玉视为珍宝；如果我收下了，你我都丧失了珍宝，还不如各人持有自己的珍宝。"

晏婴历经齐灵公、庄公、景公三朝，辅政长达四十余年。他年老时，向齐景公辞去自己的封邑，景公坚决不允许。晏婴说："俸禄是为国家服务的酬劳。做事多的人俸禄多，做事少的人俸禄少。我现在年事已高，再占有这么大的封邑非常不合适。"

曾子拒受。

曾子穿着旧的衣服耕作，鲁国国君派使者送给他一处封邑，并说："你可以用封邑的收入添些衣服。"曾子不愿接受。使者回去了，接着又回来，再一次向曾子赠送封邑，曾子仍然不接受。使者说："不是先生向别人索求，而是别人主动奉献，先生为何不能接受呢？"曾子回答说："接受别人东西就畏惧别人，给别人东西就对别人傲慢。即使国君有所赐予，不会对我傲慢，但我能不感到畏惧吗？"他终究还是没有接受。

战国时鲁国国相公仪休爱吃鱼。有人投其所好送鱼，公仪休却不收。问其原因，他说："正因为喜欢吃鱼，所以我不能接受。作为国相，我能用自己的俸禄买鱼吃，如果收了鱼而丢了官，谁又会送给我鱼呢？"

三不惑。

东汉杨震，华阴人，通晓经典，风雅清正，志存高远，人称“关西夫子”。他曾推荐王密做昌邑县县令。一次，杨震路过昌邑县，晚上下榻馆驿。夜深人静时，王密怀揣十金前往馆驿相赠，以谢杨震知遇之恩。杨震拒而不受。王密急切之下说：“此时深夜，无人知晓。”杨震正声说：“此事天知、地知、你知、我知，怎么能说无人知道？”一时传为美谈。

杨震的儿子杨秉，不饮酒，吃粗茶淡饭，穿粗布衣服，过俭朴生活。当时纳妾之风盛行，他却在妻子去世后，终身不再续弦。人们以“醇厚清白”来称赞他的品行。他曾经总结自己一生有“三不惑”，即不受酒、色、财三者的诱惑，洁身自好，一尘不染。

一钱太守。

东汉时雷义担任郡功曹，推举和任用有德之人做官，从不夸耀自己的功劳。他曾经帮助一个被误判死罪的人免除刑罚，此人后来拿两斤黄金酬谢他，雷义不接受。那人趁他不在家时偷偷将金子藏到屋内的顶棚上。后来，雷义修理房屋时，发现了这些黄金。但黄金的主人已去世，无法归还。雷义便把黄金交给了县吏。

东汉刘宠任会稽太守期间，改革弊政，废除苛捐杂税，为官十分清廉。后来他被朝廷调任时，当地百姓主动凑钱（每人一百钱）送给刘宠，刘宠不受。后来实在盛情难却，他就从中拿了一枚铜钱象征性地收下，因此被称为“一钱太守”。

悬鱼太守。

东汉羊续到南阳郡上任，属下的一位府丞给他送来一条当地特产白河鲤鱼。羊续拒收，府丞执意把鱼留下。羊续就将这条大鲤鱼挂在屋外，晒成鱼干。后来，府丞又来送鱼。羊续指着屋外柱上悬挂的鱼干说："你上次送的鱼还挂着，已成鱼干，请你一起拿回去吧。"府丞深感羞愧，悄悄地把鱼取走了。此后，百姓敬称羊续为"悬鱼太守"。明朝于谦有感于此事，曾赋诗曰："剩喜门前无贺客，绝胜厨内有悬鱼。清风一枕南窗下，闲阅床头几卷书。"

时苗是汉献帝时期的官员。他任县令时，乘一辆简陋的牛车，用母牛拉车。任职期间，母牛生了一头小牛。他罢官离任时，留下了小牛犊，并对县主簿说："我来做县令时，没有这头小牛，小牛是在淮南生的，应归淮南所有。"众官吏说："六畜不识其父，自然应当跟随母亲。"时苗没听他们的话。当时的人们都很佩服他的清白廉洁。

悬丝尚书。

诸葛亮生前给后主刘禅上奏章说："臣家在成都有桑八百株，薄田十五顷，家中子弟的衣食，绰绰有余。我一直在外任职，一切开支，全都由朝廷供给，我也不会通过其他途径敛财。我死的那一天，一定会做到家里家外没有多余的钱财，这样才对得起陛下。"诸葛亮死后，家中状况果如其言。

西晋时期的山涛既是大文学家，又是著名清官，是"竹林七贤"之一。陈郡人袁毅曾做鬲县令，送给山涛一百斤上等蚕丝。山涛不愿同流合污，就让家人将这些真丝原封不动地悬于梁上。后来袁毅恶迹败露被治罪。山涛把丝交给了官吏，丝上积有多年灰尘，但印封却完好如初。众人钦佩山涛为官清廉，尊称其为"悬丝尚书"。

父清子廉。

晋武帝司马炎听说胡质、胡威父子为官清廉，马上召见胡威，对父子两人大加赞赏。其间，晋武帝问他：“你们父子二人为官清廉，但比较起来，谁更清廉？”胡威不假思索地回答说：“我比我父亲可差远了。”晋武帝又问：“你父亲哪里比你强呢？”胡威说：“我父亲为官清廉，总是怕别人知道，而我为官清廉，总是怕别人不知道，单凭这一点，我父亲就比我强多了。”

南北朝时的顾协，在梁为官，清廉而有节操。有一天，门生来访，知道顾协清廉，不敢赠送厚礼，只送了二千钱作为礼物。顾协大怒说：“我的门生，竟然不知我的为人！”于是喝令手下将门生鞭打二十，赶出门外。此后，再也没有人敢给他送礼。

风月尚书。

南北朝时的徐勉，为官廉正，不徇私情。他担任梁吏部尚书时，曾经与门人一起闲坐，有人向他求官。他很严肃地说："今天只谈风月，不谈公事。"当时的人们敬重他公廉正派，称其为"风月尚书"。

南朝时褚玠担任山阴县令，因得罪权贵被诬陷罢官。褚玠一向廉洁，离职的时候，没钱置办行装返回京都建康，只好留在山阴县，种蔬菜自给。有人嘲笑他没有治理一县的才能，褚玠回答说："我给国家上缴的赋税，不比别的县少；我替百姓驱除残暴，奸吏因此畏缩不安。如果以搜刮民脂民膏为能干，那就等我来世再说吧。"皇太子得知此事后，亲笔批文赐给他粟米二百斛，让他回到都城。

公堂悬瓜。

南朝时，江革在扬州为官，颇有政绩，将回京城建康时，百姓对他恋恋不舍。江革对吏民赠别的物品一无所受，走时乘坐一艘普通船，船身倾侧。有人对江革说：“船身太轻，吃水太浅，渡钱塘江很危险，要搬一些重的物件压稳船舱才好。”江革两手空空，便在西陵湖边取了十几块石头放在船舱中。

北朝时，苏琼任南清河郡太守，清廉、谨慎。当地告老还乡的官员赵颖亲自送了两个西瓜到苏琼的府中。苏琼很谦恭地说：“谢谢赵老先生的厚爱，心意我领了，瓜您还是拿回去吧。”赵颖说：“大人见怪了，我知道大人十分清廉，只是献上两个瓜让大人尝尝，大人不会治我行贿之罪吧？”说完就离开了。苏琼便将那瓜放在大厅的梁上。郡人听说苏琼收了西瓜，便争着拿着新鲜果品来到府中，见到赵颖的瓜还在，只好互相看看悄悄走开了。

为官清若水。

隋朝时，齐州别驾赵轨勤政为民得到皇帝的嘉奖，入朝任职。他离开齐州时，父老乡亲都来送行。一位老者代表众人敬他一杯清水，说："别驾在此任官，从不受贿，有如水火不相交。如今你要走了，我们不敢以壶酒相送。您清廉如水，特献上清水一杯为您饯行。"赵轨接过，一饮而尽，百姓们挥泪相送。

唐朝时，段秀实从泾州被征召到京城任司农卿。他告诫亲族说："路过岐州，朱泚如果送我们钱物，千万不要接受。"到了岐州，朱泚硬是赠送大绫三百匹（绫是一种高级绸缎，唐朝时可以代替金银作为货币来购物。杜甫《卖炭翁》诗中提到三尺红绫就可以买一车炭，三百匹绫应该是很大一笔钱。）给段秀实的女婿韦晤。韦晤到达京城，向段秀实告罪道："我职位低，无法拒绝。"段秀实把绫送到司农寺的治事堂，将它放置在堂屋的梁木上。后来朱泚反叛，段秀实为朝廷尽忠而死。有人把此事告诉了朱泚，朱泚从梁上取下绫，发现原来的封签还都完好无缺。

真宰相。

唐德宗时，宰相陆贽清廉正派，连德宗都认为他“清慎太过”，暗地派人向他送“密旨”：“对别人的馈赠一概拒绝，办事恐怕不大方便，别人送重礼可以不收，但像马鞭、鞋靴之类的‘薄礼’，收亦无妨。”然而陆贽坚守自己的信条，他认为“轻者，重之端；小者，大之源”，一旦开了口子，必将愈演愈烈，最终害人害己。

宋初宰相范质从不接收各地馈赠之礼，甚至把自己的俸禄和前后所得赏赐也大部分送给了老弱孤寡。范质临终之时“家无余资”。宋太祖称赞他博学多才，谨守法度，清廉为官，勤于政事，“闻范质只有宅第，不置田产，真宰相也。宰辅中能循规矩，慎名器，持廉节，无出范质右者”。

一砚不取。

宋朝刘温叟为人端方正直，在地方上颇有名声。当时赵光义任开封府尹，派人送给他一大笔钱。刘温叟不敢推却，把那些钱叫来人封好，做了记号才回去。次年端午，赵光义又送了他许多粽子和扇子。来人还是前次送钱的人，他看见了封好的记号，仍旧和从前一样，一点儿也没有动，就回去向赵光义报告。赵光义说：“我送他，他尚且不肯收受，何况别人呢！”于是叫人把以前送的东西用车子载回衙门来。

包拯曾任端州知州。端砚为端州特产，十分有名，历任知州都以进贡为名向老百姓勒索大量端砚孝敬京中权贵，还有人借此将珍贵的玉砚占为己有。包拯上任后，只允许按照进贡数字进行征收，不许额外摊派。任期届满，他被调往京都，没有带走一块端砚。

令弟还袍。

明洪武末年王溥任广东参政。他的弟弟来看他，他的一个属吏和弟弟同乘一条船，赠送其一件布袍。王溥命弟弟将布袍归还原主，并说：“一件衣服的价值虽然微小，但必须谨慎对待，这是产生卑污行为、辱及自身的开始。”

夏元吉是明成祖、仁宗、宣宗都特别信赖的大臣，一生有二十多年掌管户部，因此皇帝会经常赏赐给他一些贵重的物品，但他总是说：“我只不过是一个平民，怎么能够使用这么贵重的物品？”皇帝赏赐给他的东西他从来不拿回家，而放在户部办公的地方。

二不尚书。

明朝范景文为万历进士，历任兵部侍郎、工部尚书、内阁大学士等职。当时很多亲友登门相求，景文一一婉拒，并在门上张贴“不受嘱，不受馈”六个大字，以明心迹。老百姓交口称赞，尊称他为“二不公”或“二不尚书”。同僚中的正直之士以范景文勤政廉政为内容撰成一联，上联是“不受嘱，不受馈，心底无私可放手”；下联是“勤为国，勤为民，衙前有鼓便知情”。

明代的名臣于谦每次进京奏事都不带任何礼品，同僚劝他说：“你虽然不献金宝攀求权贵，也应该带一些土特产送点人情呀！”于谦笑着举起两袖风趣地说：“带有清风！”他在《入京诗》中说：“绢帕蘑菇与线香，本资民用反为殃。清风两袖朝天去，免得闾阎话短长。”

谢杰拒贿。

明代廉臣谢杰，曾推荐一个下属晋升。该下属十分感激，用钱物表示感谢。谢杰坚决不受，厉声斥道：“先受贿再推荐，是手执凶器的盗贼；先推荐再受贿，是衣冠楚楚的盗贼。”

元代史天泽在宪宗时奏言：“我们家族三人身居要职，按理我应当辞去职务。”宪宗说：“你家累世忠心勤谨，有功于国家，一家三个官职，有什么惭愧和猜嫌！”终究未批准奏折。后来，又有人说李璮谋反是由于诸侯权力太大。史天泽再次上奏：“管理军事和民政的大权，不可集中于某一个家族，请朝廷首先解除我家的权力。”史家子侄当天被解除兵权的就有十七人。

公正无私。

张瑾在康熙十九年（1680）被任命为昆明知县。当时吴三桂叛乱初平，很多官府、军队的开支都要百姓供应，百姓苦不堪言。张瑾引导百姓开荒种地，薄赋均徭，大力革除弊政。按照惯例，百姓每天要供给县衙十两银子作为公务费用。张瑾说："我受了皇上的俸禄，不能再受百姓供给的钱财。"他便把这项公用费革除了。

康熙五十二年（1713），张鹏翮出任吏部尚书。为了对付说情、请托，张鹏翮在府邸的厅堂上，树了一尊关圣帝君塑像，周仓持刀威严旁立。每逢亲朋好友有私事请托时，他便指着塑像说："关圣帝君在上，岂敢营私徇隐！"有些交谊深厚的人，硬要求得好差事，张鹏翮微微一笑，诙谐地说："周将军手中的青龙偃月刀很锋利，你不惧怕吗？"张鹏翮为官几十载，一直公清节俭，不曾奢侈浪费过——终身一茧衾，食无兼味，亦无田庐。有书楼数间，荒田数亩而已。

王东皋却金及裘帽。

于成龙在罗城任职很长时间，仆从或死或散。当地百姓很同情他，每天早晚都集中来问安，偶尔会凑一点钱送给他，说：“知道老爷清苦，我们凑点盐米钱。”于成龙笑着说：“我一人，不需要钱，你们可以拿回去侍奉父母，就如我享受一样开心。”一天，于成龙的家人来探视，百姓们又凑钱送来，说：“老爷家里来人了，可以带钱回去安家。”于成龙又笑着说：“此去我家六千里，一个人带着钱，路上不安全。”于成龙让百姓们离开，百姓们流泪跪下，于成龙也流泪，最终也没有收。

清代的王东皋清廉自守，他的同年范印心知道东皋贫困，带着一大笔钱准备送给他。范印心来到王家拜访，说了很久，最后还是没敢把钱拿出来。王东皋有一件羊裘，穿了十年，毛基本掉光了，同僚花钱做了一套衣帽给他，东皋说：“我生平未尝受人一钱，不敢麻烦你们费心。”在同僚坚决地劝说下，这才收下。王士禛《池北偶谈·谈献四》说：“汤阴王东皋官文选郎中，清介有执持，为本朝吏部第一。”

李卫当官。

陈瑸多年在家乡讲学，从不接触官府中人。他经常说：“贪不在多，一二分钱便如千百万。”进入仕途后，他曾经以此应对康熙帝的策问，得到嘉许。从古田县令做起，一直做到封疆大员，二十多年他一直不带家属，也不聘请幕僚。儿子很想念他，但是雇不起车马，不能去看望他。他只有仆从一二人，日常饮食唯有一些瓜菜，其清苦超出了常人能够忍受的范围。陈瑸处之淡然，康熙说他是苦行老僧，又说：“从古清官，没有超过陈瑸的。”

李卫一生清正廉洁，早年曾同康熙四皇子胤禛押解六十二车矿银到京城。当车队行至卢沟桥时，胤禛对李卫说：“留两车你我分用如何？”李卫说：“不可。”胤禛又说：“如果皇上知道了，由我担待。”李卫依然不同意。胤禛大怒：“矿银为我家物，与你何干？今后若我登基，午时即斩你首！”到北京交差后，二人不欢而散。后来，胤禛即位，即雍正皇帝。李卫很快受到提拔，成为雍正皇帝最为赏识的重臣。

分毫不取。

清代的庄存与廉洁正直，主管浙江省的考试。巡抚馈赠银两，他不接受，但送给他一顶二品官的帽子，他接受了。在回家的途中，随从告诉庄存与：“帽上的顶戴是真珊瑚，价值千金。”庄存与生气地说：“为什么不早说！”于是，他派人走一千多里路送还了这顶官帽。

清代乾隆年间，河南巡抚叶存仁为官几十年，清廉自守。当他告老还乡时，官员们给他送行，但却迟迟不让船起锚。直到明月东升，只见驶来一叶小舟，原来是下属们为他送来的告别礼物，因为怕人知道，所以特地选在夜里送来。叶存仁叫人取来文房四宝，赋诗一首：“月白风清夜半时，扁舟相送故迟迟。感君情重还君赠，不畏人知畏己知。”于是，他将礼物全部退还，分毫不取。

财为国用。

晚清名臣沈葆桢在两江总督任上去世，朝廷命令江苏巡抚吴元炳办理丧事，并代行总督职责。吴来到金陵，看到沈身后萧然，仅在枕边留有银币五十元，此外别无钱物。箱子里也只有布衣数袭，旧书若干卷。

《清史稿》本传记载：“张之洞任疆吏数十年，及卒，家房不增一间，地不加一亩。”连他的丧事，也是靠门人幕僚送的“赙仪”得办。在汉口传教的英国人杨格非曾写下这样几句话：“张之洞在中国官吏中是一个少有的人才。他不爱财，在这个帝国他很可能成为一个大富翁，但事实上他却是个穷人。财富进了他的衙门，都用在公共事业和公共福利上。”

林则徐遗训。

清末，唐文治任户部主事兼总理衙门译官，他的父亲六十寿辰时，下属送去的寿幛竟是用无数金叶片做成的一个大大的“寿”字。唐文治立即将送礼人叫到跟前，当面训斥，震惊四座，而后将礼物退回。

林则徐为官清廉，对家人要求严格。他在临终前告诫后人：“子孙要是贤德而聪慧，把钱留给他反而会使他丧失斗志；子孙要是愚蠢而懒惰，留的钱越多，越是增加他的过错。”

张伯苓与南开大学。

抗日名将张自忠将军的夫人李敏慧在上海养病时，不但医药费短缺，连生活费都成问题。有人建议张自忠从结余的公用经费中拿一部分寄到上海给夫人维持生活。张自忠将军一口拒绝，他说：“前线将士在艰苦中作战，我怎能以国家之财济私人之用！”

南开小学、中学、大学，从无到有，全靠张伯苓到处托钵化缘，一砖一瓦筹来。张主政南开时，学校经费完全公开，每年的账目都放在图书馆任人查看。张曾说，谁要查当月账目，他都可以五分钟内告知。南开教授的工资最高为每月三百元，身为校长，他的工资一直保持在一百元的水平上。

毛主席的来信。

湖北省黄冈市档案馆珍藏着一封新中国成立初期毛泽东主席的来信，信中说："米收到，钱寄上，此类事今后不要做了。"据黄冈的老人回忆说，新中国成立后，老区人民为了表达对毛主席、共产党的强烈感激之情，由当时的黄冈地委和专员公署向毛主席敬献了一麻袋黄冈出产的优质大米。他们没有想到，毛主席居然来了信，还寄来了米钱。

一次，警卫员给彭德怀泡了一杯茶，彭德怀端起来一看，发现茶叶不对，就问警卫员茶叶从哪来。警卫员说是管理科送来的。彭德怀一听就火了，大声批评警卫员："你看，你看，你就是不动脑子嘛！管理科送来的茶叶，是招待客人的。我个人喝茶，怎么能用公家的茶叶呢？"警卫员笑着解释："就这么点小事，算得了什么？"他一听，更加生气："事情不大，可是个原则问题，这不是白占公家便宜嘛！中国有句古话，叫作'千里之堤，溃于蚁穴'，你懂得这句话的意思吗？"最后，彭德怀拿了一斤茶叶的钱，让警卫员给管理科送去，并明确要求他把公家的茶叶和自己的分开来放，个人喝茶，绝不能从公家的茶罐里拿。

人民的好公仆。

孔繁森收养了三名藏族孤儿，照管他们的生活，教他们读书识字，晚上同孩子们挤在一张大床上睡觉。而他自己的家却困难重重，母亲年迈，三个孩子尚未成年，妻子体弱多病。1994年，孔繁森因车祸殉职，年仅五十岁。人们在料理他的后事时，看到他随身的两件遗物：一是八元六角钱，二是他去世前四天写的关于发展阿里经济的十二条建议。

家風

积善

■ “积善之家，必有余庆”，一个家庭能够福泽绵长，关键在于能否友善待人。中国文化的善，是一个逐步推广和扩充的过程，闲居乡里则善待邻人，执政为官则善待百姓乃至全天下之人。积善的过程既是提高个体修养的过程，也是贡献和服务社会的过程。

苛政猛于虎。

春秋时，孔子与弟子们一起从泰山旁边走过，遇到一位妇人在路边痛哭不止。孔子问道："你为什么哭得这么伤心？"妇人回答道："去年山里的老虎吃了我的丈夫，今年又吃了我的儿子，因此我很伤心啊！"孔子感叹道："那为什么不离开这里呢？"妇人答道："这里政事公正，官吏也不苛刻，因此我不想离开。"孔子转过头对弟子们说："如果政事不公正，官吏又刻薄，那比虎狼都厉害，你们要记住啊！"

子贡问孔子："老师，有没有一句话，我可以终身奉行呢？"孔子回答道："己所不欲，勿施于人。自己不想要的，也不要强加给别人，也就是推己及人的道理。奉行这句话需要做到：你希望儿子怎样对待你，就以同样的方式对待父亲；你希望弟弟怎样对待你，就以同样的方式对待兄长；你希望朋友怎样对待你，就以同样的方式对待朋友。努力做好这些细节，言行一致，就能成为敦厚的君子。"

仁者爱山。

孔子对弟子们说：“仁者爱山，他们的性格就像山一样安静，因此会长寿。”子贡请教老师：“为什么仁者乐于见到山呢？”孔子回答说：“山，高大巍峨，草木繁茂，鸟兽成群，人们所需的东西大多都是山上出产，并且取之不尽、用之不竭。它总是慷慨给予，而不索取回报。山间多气候变化，孕育的雨水促进万物生长，人民从中得以饱暖。这就是仁人乐于见到山的原因！”

马在孔子生活的时代非常贵重，比仆人的命还要珍贵。孔子做官期间，有一天下朝回家，家人跑来报告说马厩失火了，孔子只问一句话“有人受伤吗？”他没有问马的损失，对孔子来说，再贵重的马，也不能跟人相提并论。

推锋争死，以报食马之德。

春秋时期，秦穆公有一次坐车出行，车子坏了，拉车的马脱缰跑了。秦穆公找到时，看见有人已经把马杀掉吃肉了。秦穆公对他们说："这是我的马呀。"这些人都惊恐地站起来。秦穆公却说："我听说光吃马肉不喝酒会伤身体。"于是一一赐酒。过了三年，晋国攻打秦国，把秦穆公围困住。以前那些杀马吃肉的人互相说："咱们应该为君王拼死作战，来报答他给我们食马饮酒的恩德。"在这些人的帮助下，秦穆公冲出了包围。

子贡是孔子的得意门生，善于言辞，办事通达，深谙经商之道。子贡曾就义与利的关系请教过孔子："假如一个人既能传播道义，又能给百姓带来诸多好处，他可以称得上仁义了吧？"孔子评论道："凡事不仅能照顾自己还能周全他人，可以说是实行仁德了！"子贡谨遵老师教诲，经商的同时不忘帮助和抚恤穷人，上自君主，下至平民，都称颂他的仁德。

管鲍之交。

子产出身于郑国贵族，是春秋时期郑国的贤相。他待人宽厚，深受人们钦佩。一次，贵族丰卷准备用新鲜的野味祭祀，向子产请求打猎。子产没有答应，说："按照规章制度，只有国君才可以用野味祭祀，大臣们用家畜就行了。"丰卷大怒，回到封地招募士兵，准备攻打子产。子产知道后，为了避免国家陷入分裂，准备离开郑国。郑国上卿子皮马上劝阻子产，并驱逐了丰卷。子产复职后，非但不记恨丰卷，反而下令保存丰卷的田产，三年后召丰卷回国，又把田产还给了他。

管仲年轻的时候，家里很穷，还要奉养母亲。鲍叔牙就找管仲一起投资做生意。最初，管仲没有钱，本钱几乎都是鲍叔牙出的，可是，赚了钱以后，管仲却拿的比鲍叔牙还多。鲍叔牙的仆人说："这个管仲真奇怪，本钱拿的比我们主人少，分钱的时候却拿得多！"鲍叔牙却对仆人说："不可以这么说！管仲家里穷又要奉养母亲，多拿一点没有关系的。"后来，管鲍之交一直被誉为交友的最高境界，成为历代传诵的佳话。

楚庄王绝缨。

楚庄王有次宴请群臣。酒至半酣，忽然一阵大风把蜡烛吹灭了。一名武将酒醉，乘黑调戏王妃，王妃大惊，一把扯下其盔上红缨，并要求即刻点灯，查明是谁大胆冒犯。楚庄王说："酒是我让他们喝的，醉后失礼是人之常情，不能为了显示后妃的贞洁而侮辱壮士。"楚庄王马上命令群臣把帽缨扯下来，一醉方休。三年以后，晋楚交战，楚国一位将军奋勇争先，领兵打败了晋军。楚庄王问他："寡人德薄，从来没有重视过你，你为什么还奋不顾身呢？"将军说："臣当死，上次宴会上失礼的人就是我，大王您宽宏大量不治我的罪，因此我一定要为您肝脑涂地。"

魏惠王曾经向孟子请教："先生，我们晋国从前十分强大，可是自从我即位以后，先后被齐国、秦国、楚国打败，失去了大量的土地，您认为我应该怎么办呢？"孟子回答道："您如果实行仁政，减轻刑罚，减免赋税，以礼仪教化百姓，形成良好的社会风气，到那时再出兵讨伐，去解救陷于水深火热之中的百姓，又有谁能抵挡呢？"

疏广论“多财”。

汉宣帝时，疏广为太子太傅，他的侄子疏受为少傅。在任五年后，疏广对疏受说：“我听说，知足不辱，功成身退，这是天道。”随后两人一起告病回乡。知道此事的人都说真是两位贤人。回到家乡，疏广把积蓄赠给了亲朋老友。有人劝他买田置业，他说：“聪明贤能多财，会损伤志气；愚蠢无能多财，会增加他的过失。”时人都很佩服他。

西汉朱邑生活俭朴，凡有赏赐，总是用来接济贫困的亲戚朋友或邻里乡党，为官数十年，家中没有多余的财产。朱邑临死前嘱咐他的儿子：“我曾是桐乡小吏，那里的老百姓很敬爱我，我同样也很想念他们，我死后，你们要把我葬在桐乡。”当地百姓怀念朱邑，不仅主动为朱邑修起了大冢，还建起了祠庙，岁岁祭祀，数百年烟火未绝。

众信郡安。

西汉末期，战乱四起，外戚王莽建立新朝。当时，出身名儒之家的伏湛担任平原郡太守，经常对妻子说："如今大家都吃不饱饭，我们怎么好意思填饱肚子呢？"于是，他们吃最简单的饭菜，用省下的俸禄买粮食分给乡亲们。伏湛手下的一个官员看了，十分敬佩伏湛，想招募士兵为他打天下。伏湛却厌恶他招摇惑众，无事生非，就将他关押在狱中，并告诫百姓不要学他。从此，官民信任伏湛，平原郡得以在战乱中一直保持安宁。

东汉人梁鸿，曾在上林苑以养猪为生。一次，他的屋子着了火，并殃及邻居。梁鸿用自己的猪赔偿，邻居却认为不够。梁鸿就对他说："我没有任何其他财产了，就给你干活作为补偿吧。"就这样，梁鸿每天早出晚归，辛勤地为邻居干活。后来，邻居被梁鸿的诚意打动，后悔自己做得太过分，就把猪还给了他。梁鸿却没有接受，回到了自己的家乡。

罗威饲犊。

司马徽是东汉末年的一位学者。有一次，邻居走失了一头猪，非说司马徽家的猪是他的。司马徽并不争辩，邻居便毫不客气地把猪赶回自己家。过了几天，邻居从别处找到了自己的猪，很抱歉地把司马家的猪送了回去。司马徽不但没责备他，反而说邻里间发生这类误会并不奇怪，还赞扬他懂道理、知错能改，邻居听了十分感动。

汉代有个叫罗威的人。邻居家的牛多次吃他家的庄稼，他和邻居交涉，邻居却不理睬。罗威并没有火冒三丈，而是每天天不亮就起床去打青草，然后悄悄地堆放在邻居家的牛圈前。牛闻到鲜嫩的青草，就大嚼大咽起来，也不再去吃罗威的庄稼。邻居每天起来，总看到牛圈前有一堆青草，开始感到很纳闷，后来亲眼看到是罗威所为，愧疚万分，从此对自家的牛严加看管。“罗威饲犊”的故事后来一直传为美谈。

顾荣施炙。

顾荣是西晋末年拥护南渡的司马氏政权的江南士族首脑。他在洛阳时，应邀去赴宴。在宴席上，他发觉烤肉的下人脸上显露出对烤肉渴求的神色，于是他拿起自己的那份烤肉，让下人吃。同席的人都耻笑他有失身份。顾荣却说："一个人每天都烤肉，怎么能让他连烤肉的滋味都尝不到呢？"后来战乱四起，每当顾荣遇到危难，身边经常有一个人保护他。顾荣感激地问他原因，才知道他就是当年烤肉的仆人。

唐临，字本德，京兆长安人，历经两个朝代。唐临性情宽容，非常体谅人，从来不直接呵斥别人的错误。一次，他准备吊唁某人，但身在外面，便让童仆回家取丧服来。童仆拿错了别的白色衣服过来，吓得不敢进门。唐临知道祭拜不成，说："今天天气反常，不适宜悲痛哀苦，你拿来这件衣服正好，我穿上出去走走吧！"他又让仆人熬药，发现仆人拿错了汤药，就淡淡地说："今日天气阴暗，不适合服药，把汤药倒了吧！"

于令仪不责盗。

裴行俭是唐高宗时名将，有一次高宗下令赏赐骏马给裴行俭。礼部官员在送马的半路上被马绊倒，马也摔伤了。随从和令史都怕因此获罪，不敢回报直接逃走了。裴行俭知道后，派人将他们找回来，宽慰他们说：“你们都太小看我了，我裴行俭是计较这种小事的人吗？”他毫不介意，仍像以前一样对待他们，随从和令史都深为感激。

北宋时，曹州有个富户叫于令仪。一天晚上，有人潜入他家偷东西，抓住一看发现盗贼竟是邻居的儿子，于令仪大吃一惊，问到缘由，年轻人说：“父亲卧病在床，请不起大夫，不得已才干出盗窃的事情。”于令仪听后很是同情，问他需要多少钱。年轻人说：“需要十千钱。”十千钱对于令仪来说也不是小数目，但还是如数给了他。邻居的儿子刚要走，于令仪又喊住他：“你家很穷，现在又是深更半夜，你匆忙带这么多钱回家，遇上巡逻查夜的盘问你，你怎么说呢？”于是留他在家里过夜，第二天才让他回家。

范氏义庄。

北宋年间，范仲淹担任邠州知州时，有一次登楼饮酒，尚未举杯，就看到几个人披麻戴孝地营造葬具。范仲淹急忙派人询问，得知是一名书生客死邠州，准备就近埋葬，但墓穴、棺材和治丧用具尚未制备。范仲淹听后非常悲伤，立即撤去酒席，并赠以钱财，使其得办丧事。

范仲淹调任杭州期间，他的弟弟因为他有隐退之意，商议购置田产以供其安享晚年，遭范仲淹严词拒绝。后范仲淹出资购买良田千亩，让其弟找贤人经营，成立范氏义庄，收入分文不取，对范氏远祖的后代子孙义赠口粮，并资助婚丧嫁娶等用度。

司马光卖马。

宋代王曾在仁宗皇帝时出任宰相，勤于政事，进退以礼。他中状元回家乡青州时，府官命令百姓吹奏乐器到城外迎接。王曾听到这个消息，就换了衣服，骑上小驴子，从别的城门进城，去拜见府官，对府官说：“我侥幸得了个状元，怎么敢惊动大人和父老乡亲前来迎接？”府官不由得称赞道：“您称得上真正的状元公啊！”

司马光是北宋著名史学家。一天，他吩咐管家把自己骑过的一匹病马牵到集市去卖掉。一位老者欲买，但嫌价钱贵了。管家明知马有毛病却说：“这是我家司马相公的坐骑，只因他现在忙着编书，用不着它了，才舍得卖的。不然的话，五十缗钱可不卖！”老者听后诚恳地说：“有幸能买到司马相公的好马，那就货不二价吧，我明日如数带钱来牵马。”管家回府兴奋地将情况报告给司马光。司马光一边自责一边正色道：“不能这样！你明天一定对买主说清楚，并重新议价，我看三十缗就行了。”第二天，管家如实向买马人说明此马有病，并一再说司马相公特意关照不能让买主吃亏上当。集市上知道此事的人都称颂司马光为人诚实。

乐善好施。

元代时德州齐河人訾汝道，平日乐善好施，以善行闻名乡里。同乡刘显等人贫困无法维生，訾汝道一一分给他们田地，让他们收地租维持生活，直到他们终老才把田地收回去。有一年，瘟疫流行，传说吃一种能使人发汗的瓜，病就好了。訾汝道就买了很多瓜，带上粮食，不顾被传染的危险，一户户亲自送去，救治了很多人。他曾经在春天把麦子、高粱借给别人，等到丰收年景再收回，不收利息；如遇到歉收之年，借债人无粮偿还，訾汝道就把借券焚烧，不要他们归还。他对家人说："积累粮食本来就是为了防备饥荒，所以如果遇到灾荒年景，一定要帮助贫穷的乡亲。"

明朝官员杨翥喜欢骑驴代步去上朝。他对驴子十分偏爱，每天下朝回家，常常不顾家人的劝阻，亲自给驴子擦洗梳理，喂上等的饲料。杨翥的邻居是一位老头，快六十岁了，老来得子，十分疼爱这个儿子。可是，这孩子一听到杨翥的驴子叫就哭个不停，搞得全家人都不得安宁。眼看那孩子一天天消瘦下去，父母伤透了脑筋，就把这件事告诉了杨翥。杨翥二话没说，忍痛把自己心爱的驴子卖了，从此外出或上朝只好步行。

千里传书只为墙，让他三尺又何妨。

安徽桐城有一条六尺巷。《桐城县志》记载，康熙年间礼部尚书张英的家人与吴姓邻居因宅居地界发生纠纷，家人飞书京城，让张英出面为家撑腰。张英回信："千里传书只为墙，让他三尺又何妨。万里长城今犹在，不见当年秦始皇。"家人见信后，主动将墙退让三尺，吴家深为感动，也退让三尺，就形成了一个六尺宽的巷子。六尺巷因此得名。

刘志丹是西北革命根据地的主要创建人之一，他为人十分和善。习仲勋曾在回忆文章中写道："我很早就听说过刘志丹的名字，人们常把刘志丹描绘成一个神奇的人物。但初次见面，他给我的印象，却完全像一个普通战士。他质朴无华，平易近人，常同战士们坐在一起，吸着旱烟袋，谈笑风生。同志们都亲切地叫他'老刘'。"当时习仲勋只有十九岁，由于没有斗争经验，领导的"两当兵变"失败，心情很沉重。刘志丹鼓励他说："干革命还能怕失败？失败了再干嘛。失败是成功之母。我失败的次数要比你多得多。"

抗日战争时期，聂荣臻所率部队在清扫被打败的日军驻地时，发现了两个日本孩子。许多对日军充满愤恨的战士和百姓都要把这两个孩子处死，而聂荣臻司令却轻轻地说道："把孩子交给我吧，孩子是没有错的，他们也是战争的受害者。"于是，这两个孩子便被安全地交给聂司令抚养。两个日本孩子很是可爱，亲切地用中文叫聂司令为聂伯伯，战士们后来也喜欢上了他们。后来，部队在转移时遭到了日军的袭击，当聂司令率部队准备作殊死决战时，一个日军的司令官突然连连摆手，因为他看到那两个日本孩子正是他所丢失的。就在他进退两难时，聂司令命令一个战士把两个孩子放在筐里还给了日军，日军深受感动，于是撤退了，并送给中国军队一封感谢信："贵方的友善，让我们深感钦佩。"一场恶战就此避免。

一次，周恩来总理去某地视察工作，飞机着陆后，他同机组人员一一握手，表示感谢。这时机械师正蹲在地上工作，周恩来同志和其他同志握手后就站在机械师身后耐心地等他，并示意不要惊动他。机械师工作结束后转过身来，才发现总理站在身后，不禁大吃一惊，忙说："对不起，总理，我不知道您在等我。"总理笑着说："我没影响你的工作吧？"周总理这种尊重别人，讲礼貌的好品质、好作风深深地感动了在场所有人。

刘少奇同志工作繁忙，经常熬到深夜，除去吃饭的时间，中间很少休息。为了保证他的身体健康，身边工作的同志就常在他工作了一段时间后，走到他身边提醒或劝告他休息一下。可是，因为少奇同志工作起来思维非常集中，以至有时候对劝告他的同志不大在意，或者没有答复。过后，少奇同志以内疚的心情对身边的同志说："你们叫我休息，我十分感谢你们。但是，有时我精力过于集中，对你们的好意，可能态度生硬了一点，对不起，请你们谅解。"

近代著名教育家严修与张伯苓先后创办了南开中学、南开大学。从南开中学开始，严修便对周恩来青睐有加，称周有宰相之才。为资助周恩来去欧洲留学，他特地在严家账目上为周立了户头。除第一年的用款是用支票交给周携走外，以后三年，均让人汇寄，每半年一次，准时不误。1950年张伯苓由重庆返抵北京，周恩来在西花厅宴请他，张带去严修的照片，周恩来动情地说："在欧洲时，有人对严老先生说，不要帮助周恩来了，他参加了共产党。老先生说：'人各有志'。这话是颇有见识的。他是清朝的官，能说出这种话，我很感激。"

友善待人。

1981 年，我国足球名将容志行在与科威特队比赛中，两次被对方踢倒，造成旧伤口破裂，疼痛难忍。事后有人问他：“你为什么不发火也不报复对方呢？”容志行说：“对方已经受到裁判的制裁、观众的谴责和同伴的批评，他思想上也会有所触动，这样利于他改正。你若以错对错，报复对方，反而会助长粗野行为。”容志行有着宽容厚道、友善待人的品德和高尚的体育风格，因此赢得了广大球迷的爱戴。

商丘老板伊庆民十一二岁时，路上遇到暴风雨，到一农户家避雨。主人见他又冷又饿，便把自家刚煮熟的玉米棒送给他吃。后来，当他找到已八十多岁高龄的老大娘时，回报了恩人一套楼房，说：“您是我的恩人，这几十年我都没忘记。”

知错能改，善莫大焉。

一天，太阳和风争论究竟谁更有力量。风说："你看下面那个穿着外套的老人，我打赌可以比你更快地让他把外套脱下来！"说完，便使劲儿向老人吹去，想把老人的外套吹下来，但它越吹，老人将外套裹得越紧。后来，风累了，没力气再吹了。这时，太阳从云的背后走出来，将温暖的阳光撒在老人身上，没多久，老人就开始擦汗了，并把外套脱了下来。于是，太阳笑着对风说："其实，友善所释放的温暖比强硬更有力量。"

一位在山中修行的老禅师月夜散步归来，发现一个小偷正在他家偷东西。高僧知道小偷不可能找到任何值钱的东西，早把自己的外衣脱了拿在手上。小偷离开时，在门口遇到了高僧。高僧说："你走这么远来探望我，总不能让你空手回去！夜凉了，你穿上这件衣服走吧。"说着，就把外衣披在小偷身上。小偷低着头惊慌地逃走了。第二天清晨，老禅师一睁开眼，发现那件外衣被叠得整整齐齐地放在门口。老禅师高兴地感慨道："知错能改，善莫大焉。"

善为本性。

禅师见蝎子掉到水里，决心救它。谁知禅师的手指刚碰到蝎子就被蜇了。禅师无惧，再次出手，岂知又被蝎子狠狠蛰了一次。身旁有一人问："它老蜇人，何必救它？"禅师答："蜇人是蝎子的天性，而善是我的天性，我岂能因为它的天性，而放弃了我的天性。"

家風

敬业

■ 良好的家风有助于培养家庭成员的优秀品质，并帮助其培养敬业精神。敬是良好的工作态度，凡事庄重、认真；敬是踏实的行为习惯，踏石留印，抓铁有痕。古人云：“凡事需用敬。”农工之人，其敬在勤；为官之人，其敬在勤且廉。每个社会成员都以敬业精神奉献社会，既可以增进家庭幸福，也可以促进社会和谐。

忠于职守。

楚国令尹子文是春秋时期的著名政治家。他从早到晚忙于国事，每天总要工作到太阳落山才回家。楚成王常常在朝堂上给他准备食物，但是如有赏赐，他一定会推辞。子文三次担任令尹，上任时不显得特别高兴，退任时也不显得特别失落，交接时每次都把过去的政策和惯例向继任者说得清清楚楚。孔子曾经评价说："子文可以称得上忠于职守了。"

春秋时期，晋灵公十分残暴，相国赵盾劝他改变作风，晋灵公竟想杀他，他只好准备出逃。赵盾的族弟赵穿刺杀了晋灵公，太史董狐在史书上写"赵盾杀其君"。赵盾不服要求改写，董狐说："你身为相国，国君被杀，你不讨贼，你就是主谋。这事我就是死也不会改。"

守法不阿意。

张释之任廷尉时，汉文帝出巡至中渭桥，有人违反交通管制令，惊吓到文帝所乘的马。张释之依法判处罚金四两，文帝认为判决过轻。张释之认为法律是天子和天下人的约定，必须共同遵守，拒绝加重判决。有人盗汉高祖庙案座前的玉环，张释之依律判决弃市。文帝大怒，认为应行连坐法，要灭族。释之据法以争："盗高祖庙前的玉环就要株连九族，要是后来有人盗高祖的陵墓，该怎么审判？"最后文帝认为有道理，便接受其言。

汉军北伐匈奴胜利而归，汉武帝吩咐司马迁将此事记入史书。司马迁本来只为卫青立传，但他经过调查，发现李广威武无敌,战功显赫,却含恨而死,决定也为他立传。司马迁正在写《李广传》时，一个朋友来看他，就顺手拿起刚写出的部分手稿看起来。朋友发现，司马迁写李广打仗退敌、脱险、射虎等，写得神采飞扬，字里行间流露出对李广的赞扬和敬佩；但后面又写李广心胸不宽，公报私仇。朋友不解，就问他："你后面这样写李广，不怕有损他的形象吗？"司马迁则说道："我写历史，真实是第一条，不能以个人好恶而隐匿真相。"朋友连连点头称是。

高道穆棒打公主车。

满宠担任许县县令。曹洪是当时大将军曹操的从弟，地位非常高。曹洪的手下在许县境内屡次犯法，满宠便将他们全部收捕治罪。曹洪写信要求满宠释放他们，满宠不听，曹洪又向曹操诉说。曹操便召见许县主管案狱的人。满宠知道曹操将要赦免曹洪的手下，便赶快将他们处死。曹操事后反而高兴地称赞满宠能够坚持原则。

北魏孝庄皇帝的姐姐寿阳公主出行时违反了朝廷的规矩，负责执法的高道穆命令兵士用执法棒击破了她乘坐的车子。寿阳公主为此很不满意，流着眼泪向孝庄帝告状。孝庄帝对公主说：“高中尉是清廉正直的人，他所执行的是公事，岂能因私怨来责罚他。”

李贺诗囊。

唐代著名诗人李贺才华横溢。他写诗注重考察事实，不喜欢先立题目再冥思苦想。因此，每日起床后，他便让书童带好书囊布袋，骑着毛驴，外出周游。见到好的素材，他便立刻记下来作为资料，回家再集写成篇。李贺的母亲知道儿子勤奋，心疼孩子的身体。每天他一回家，母亲就检查他的书囊。当发现儿子书囊中存放着太多诗句纸片时，她疼惜道："这孩子要把心呕出来才肯罢休啊！"

唐宣宗时，太后之弟郑光的家丁恣肆横暴，多年的租税不缴官府，韦澳便将他们逮捕。唐宣宗希望韦澳能网开一面，韦澳回答说："陛下把我从内庭翰林学士提拔为京兆尹，是要我来清理京畿一带的积弊。如果郑光的家丁长年为害，重罪还能得到宽宥，这说明陛下的法律仅仅施行于贫苦百姓，我不敢奉行这种诏命。"皇帝道歉说："我为了郑光的缘故干扰你执法，很是惭愧。"

曹彬的治病良方。

宋代开国大将曹彬奉命去攻南唐国。太祖皇帝对曹彬说："城池攻下的时候，千万不可杀戮平民百姓。"后来，曹彬在城池将要被攻破的时候，就推说病了，许多将士们都去问候他。曹彬就对他们说："我的病不是吃药可以医治的，只要诸位很诚心地发誓，在攻破城池时，绝不乱杀一个人。这样我的病就好了。"于是将士们焚了香发了誓。到了第二天，城池攻破，兵士的刀上果然没有沾一点血迹。南唐国的君主李煜来投降，曹彬也以待宾客的礼节对待他。

欧阳修是北宋政治家、文学家，唐宋八大家之一，幼年丧父。母亲曾经对他说："你的父亲当官，常在夜里点着蜡烛处理公文，多次停下而叹息，并说：'这是该判死刑的案件，我想替他找条生路，没有找到。'我说：'生路可以找到吗？'他说：'为他找生路而找不到，那么被判死罪的人与我都不感到遗憾了。我常常为狱囚寻求生路，尚且会误判死罪，何况世间官吏多喜欢寻求置人于死罪的理由啊！'你父亲常用这些话教导子弟，我都听得很熟悉了。"欧阳修终身信服父亲的话。

一心为国。

曾巩字子固，北宋散文家、史学家、政治家。曾巩接任襄州知州以后，发现前任留下来的案件里，有一宗案件冤情严重。他便仔细批读案卷，慎重地分析案情，终因证据不足而释放了在押的一百余人，对已判极刑的人也做了翻案处理。这件事使襄阳百姓非常钦佩他，有的人甚至跪叩在地，感慨道："我们这地方以前被判死刑的多了，不知道还有没有冤案？"

富弼是北宋时期著名的大臣。他曾先后两次出使辽国，为挽救国难而不顾个人安危，表现出过人的胆识。第一次出使时正逢他的女儿去世，他以国事为重，没顾上料理女儿丧事；第二次刚要出发，家人通知他家里添了个男孩，他还是以国家大事为重，没有回家探望。出使时，他一心一意想着如何完成谈判使命，收到家书也不打开，还自我安慰道："还是不看了，看了也是白白增添烦恼。"

风雨必记。

宋代著名的儒者周敦颐曾在朝廷为官，负责案件的审判。狱中有一名囚犯，按照当时的法律是不应该判处死刑的，可是周敦颐的上司与犯人有过节，一心要处死他。周敦颐义正词严地说道："维护法律公正是我的职责，如果把这个囚犯处以死刑，就是无视当朝法律，与其这样，还不如辞官回家来得清净！"说完，拂袖而去。周敦颐的一番话将上司惊醒，感叹道："我实在是太糊涂了，忘记了为官的职责所在，多亏了周先生劝谏！"周敦颐秉公执法和为民请命的决心最终保全了无辜者的性命。

周忱，字恂如，明前期大臣。为官期间，他治事严谨细密，注重亲自查访。他经常随身携带一本记事本，自记每日行事，不遗巨细，坚持不怠，以备日常参考。身边的官吏私下都笑他烦琐。一次，一个妄图侵吞财物的船民，来到衙门谎报粮船因飓风失事。周忱亲自问他："粮船失事于何时何地，当时所刮是东风还是西风？"那人不明就里，胡乱说了一通。周忱哈哈大笑，拿出记事本，将那日情况详细告诉他，吓得那人叫饶不已。

雍正一朝大有作为的不二法门。

明代许世达的家里有个名叫冬梅的丫鬟。冬梅十三岁时，许世达夫妻相继去世，而他们的儿子许植还不到一周岁。冬梅答应主母留在此地，抚养小主人，永不嫁人。此后，冬梅尽心抚养小主人，吃的东西自己嚼过才去哺给许植吃。后来等到许植长大又给他娶了亲、养了儿子。冬梅活到八十二岁，到老还是个不嫁人的处子。

“勤政”二字是雍正一朝大有作为的不二法门。对雍正帝而言，批阅奏折似乎是一件让人兴奋的事情。如他所说：“朕自朝至夕，凝坐殿室，批览各处章奏，目不停视，手不停批，训谕诸臣，日不下数千言。”更难能可贵的是，这些朱批都是出自他自己之手，既不劳烦别人代笔，也不需要别人在旁边献计献策。

重信的山西票号。

清代李卫任户部郎中时，管理银库事务。当时分管户部的一位亲王每收钱粮一千两，就要加收十两好处费。李卫屡次谏阻无效，就将钱柜抬到廊下，写上这是某某亲王的“盈余”，指明是非法收入。亲王大惊，立即下令停止加收。

1900年，八国联军攻占北京，北京城中许多王公贵戚都逃往西安。这些人来不及收拾家中的金银细软，随身携带的只有山西票号的存折，一到山西，他们纷纷跑到票号兑换银两。山西票号在这次战乱中损失惨重，北京分号不但银子被劫掠一空，甚至连账簿也被付之一炬。在这种情况下，山西票号原本可以等总号重新清理账目之后再做安排，但是以日升昌为首的所有山西票号都没有这么做。他们一致约定，只要储户拿出存银的折子，不管银两数目多大，票号一律立刻兑现。

李四光不“识”其女。

张作霖曾下令：“帅府重地，午夜一过，任何人不准出入。”某夜张作霖晚归，门房以过了时间为由拒绝开门。张作霖无法，只得绕到后门进入。第二天，张作霖召见门房，破格升他去当看守所所长。门房表示自己不识字，做不来官。张不以为然，说：“那好办，给你找个识字的当秘书。”

1920年，李四光从英国学成回国，担任北京大学地质系教授。他在学校地质馆夜以继日地工作。一个星期天，他像往常一样在地质馆认真搞科研，竟忘了天晚回家。正当他凝神思考时，偶一抬头，瞅见一个小女孩静悄悄地站在桌旁，他未加理会，又低头继续写作，并轻声催道：“你是谁家的小姑娘啊？这么晚了，快回家吧，不然你妈妈该等急啦。”只听小姑娘埋怨道：“爸爸，妈妈不是等我着急，是等你着急哪！”李四光抬头一看，原来是自己的女儿。

为共产主义奋斗终身。

邓中夏是中国共产党早期的马克思主义理论家之一。1921年，由于在青年中的知名度和威望，邓中夏被河北保定“直隶省立高等师范学校”聘为新文学教授。他的学生王森然回忆当时上课情形写道：“他右手持粉笔，挽着袖口，左手拿板擦，边讲边写，边写边擦，一写就是一大黑板。头发、衣襟、袖筒上落满粉笔面，也不在意，时间久了，嗓音嘶哑，嘴角出了白沫，才喝一口白水，其实水里早已落下一层粉笔面，他看都不看，便咽下去了。他的这种忘我精神，使我们非常感动。”

王尽美是中国共产党创始人之一。中国共产党成立后，王尽美便致力于工人运动和党组织的发展。长期的忘我工作和艰苦生活，使王尽美积劳成疾。1925年，就在领导青岛日商纱厂工人罢工斗争取得胜利的时候，王尽美却终因劳累过度，肺病恶化，于8月19日在青岛医院病逝。他在遗嘱中写道：“要好好工作，为无产阶级和全人类的解放而奋斗到底！”他以自己的言行，践行了为共产主义奋斗终身的誓言。

萧楚女咳血。

萧楚女是中国共产党早期青年运动领导人之一，曾任广州农民运动讲习所教员。一次，萧楚女在讲课时，因工作繁重、生活紧张，突然吐血。学生们劝他回宿舍休息，但他坚持讲课。稍事休息后，他对学生说："我不能休息，不上一小时课，就要浪费你们许多时间啊！你们想一想，蜡烛不是燃烧了才能放光明吗？我们要像蜡烛一样，要在有限的一生中，有一分热就发一分光，给人以光明，给人以温暖！"不久，他又气喘咳嗽，再次咯出了殷红的鲜血。他为了不影响学生听课情绪，将咯出的血吐在手帕里，学生们见此情形忍不住流泪。

中国京剧表演艺术大师梅兰芳每天起床后第一件事就是打开鸽子笼，将鸽子放出来，然后尽眼力在天上辨别哪些是自己的，哪些是别人的，愈望愈高，仿佛望到天的尽头。很多人对此不解。原来，梅兰芳年少时双目眼皮下垂，眼珠转动不灵活，这对于一名演员来说，是致命的缺陷。于是他就想养鸽子来锻炼目力。梅兰芳天天望鸽子，数年坚持不断，眼睛不知不觉地变得有神了，终成一代表演艺术大师。

战士死于沙场，学者死于讲坛。

1929 年，梁启超重病在身，名医萧龙友开出药方，并再三叮咛：病想治好并不难，但必须停止劳神费心的工作，尤其禁止读书治学，否则华佗降世，也是无能为力。梁回答说：“战士死于沙场，学者死于讲坛。”这一年的 1 月 19 日，梁不治去世。1982 年，梁启超的学生谢国桢因病住院，在病床上还不忘校订书稿，当亲朋故旧劝他静心养病时，谢说：“战士死于沙场，学者死于讲坛。师训不可违！”

与胡适并称“新红学派”创始人的俞平伯出版有《诗词偶得》一书，书中解说李煜词为“独自莫凭栏”，晚年撰写并修改《唐宋词选释》时，改为“独自暮凭栏”。俞平伯给学生讲课时，每讲到这一观点必定说明，这样改是听取了废名的意见，而不是自己的“妙想”。

"拼命三郎"聂耳。

中华人民共和国国歌的作曲者聂耳在北平时穷得买不起棉衣，却用有限的几个钱来收集北方民间音乐素材，并深入市井社会聆听卖嗓子、卖武功的吆喝声，从中知道了他们"生命的挣扎"的心灵之声。他在上海苦苦积攒一年，才买到一把梦寐以求的廉价小提琴。他经常踏着晨霜夜路体验女工上班的辛苦，从而创作出《新的女性》。聂耳还与小报童交上了朋友，天天嘘寒问暖，那首著名的《卖报歌》正是在这种环境下吟诵出来的。

抗战期间，国民党政府总参谋长白崇禧聘请著名教授、翻译家乔大壮当参议，并讲明他可以不过问政务，只做些不相干的应酬文字。有一次，白崇禧将乔大壮的文稿改动了几个字。乔大壮立即面见白崇禧，严厉指责："阁下是总参谋长，我是中央大学文学教授，各人自有一行。如果你能改我的文字，我也改你的作战计划，行不行？"白崇禧无言以对，只得把改过的文字又改了回来。

气死牛。

1941 年，八路军 359 旅在南泥湾垦荒。当时，战士们自造农具，几乎全部是靠人力拉犁开荒。他们不但没有叫苦，还整天喊着嘹亮的号子坚持劳动。有一次，359 旅 94 个开荒能手齐集，进行生产大比武。一连 3 天，战士郝树才天天保持 4 亩以上的开荒记录。一位农民不服，提议他和牛比赛开荒。结果，牛被累得口吐白沫，郝树才还生龙活虎，于是得了一个雅号叫“气死牛”。

1946 年，陈寅恪从欧洲回到清华，此时他双目已盲，身心俱疲。历史系主任雷海宗劝他休养一段时间，他不听，并要求在中文系也开一门课。雷海宗的助手王永兴劝他：“一门课已经够辛苦了，是否不要在中文系上课了？”陈寅恪严肃地说：“我拿国家的薪水，怎能不干活？”

一辈子的掏粪工。

全国劳动模范时传祥1952年加入北京崇文区（现东城区）清洁队从事掏粪工作。政府为了减轻掏粪工人的劳动强度，把送粪工具换成汽车。条件改善后，时传祥合理计算工时，把过去7人的大班，改为5人的小班。他带领全班由过去每人每班背50桶增加到80桶，他自己则每班背90桶，每班掏粪背粪最多时达5吨。国家主席刘少奇曾接见他，握着他的手说："你掏大粪是人民勤务员，我当主席也是人民勤务员，这只是革命分工不同。"时传祥高兴地表示："我要永远听党的话，当一辈子掏粪工。"

1957年10月，李克农患脑溢血重症，大家都劝他休养，他对儿女说："一个共产党员最大的痛苦就是没有工作。"在病中，他仍坚持工作，成功保护李宗仁夫妇回归祖国。1960年，中共中央为确保他养病，决定让他离开工作岗位，李克农诙谐地说："我们是毛驴子，驮惯了东西！不驮是不舒服的，能驮多少，就驮多少。"1961年，李克农的身体稍有恢复，便写信给中央要求工作。1962年，他在抱病参加一次会议后，没过几天便去世了。

“铁人”王进喜。

1960 年 5 月，王进喜率队从玉门到大庆参加石油大会战。打第二口井时，王进喜被砸伤的腿肿得很厉害，但仍拄着拐杖坚持工作。一天突然出现了井喷，需要水泥来压井。成袋的水泥倒进了泥浆池搅不开，王进喜就甩掉拐杖，直接跃进了齐腰深的泥浆池中，接着七八个人也跟着跳了进去，奋战三个多小时终于制服了喷井。王进喜累得起不来了，大家劝他保重身体，他却说：“我早就豁出去了，只要上午拿下个大油田，哪怕下午倒在钻台上也痛快。”

张秉贵 17 岁起就在德昌厚食品杂货当店员。他常对人讲：“我们售货员要胸有一团火，温暖顾客心。”为了苦练售货基本功，全身心投入柜台工作，他常年住在集体宿舍，每星期休息时才探家一次，一直保持到退休。柜台外，他为了把自己的眼睛变成天平，把自己的手变成称，把自己的头脑变成计算器，经常练到深夜，直到眼睛熬红，手臂不能动弹。柜台内，他在百货大楼销售 30 年，接待顾客数百万人次，从来没有和客户怄过气、吵过嘴，态度始终和蔼可亲。

为民教书。

秦水支是温州中学的一位老师。一次公开课上，他点到一个胖胖的女同学回答问题。女同学微微颤抖地站了起来，脸红红的，久久不说话。一堂优秀的公开课因此而略显瑕疵。然而秦老师并没有让那位学生马上坐下，而是微笑着等她，直到那个学生一字一顿地回答了问题，他才满意地点头让她坐下。课后他对听课老师说："她有些轻微口吃，如果当时我断然让她坐下了，她失去的将是下一个在大庭广众前开口的信心和勇气，比起我的课来，一个生命的成长似乎更重要。所以，那一刻，我宁愿为她等待两分钟。"

泗洪县临淮镇三河村船头小学教师阎成米，32 年来在长不过 8 米、宽不过 2.5 米、船舱高不过 1 米的小船上，每天工作十四五个小时，教孩子们读书做人。他 1.8 米的个头，只能坐着讲，坐乏了就跪着，跪累了再坐。虽然每月收入不足 500 元，但是他热爱自己的事业，从不后悔。32 年来，他共教过 800 多名学生，不少人已经成为当地的基层干部和骨干力量，还有的上了大学。他努力实践自己的誓言：为民教书，为党分忧。1995 年，他被评为全国劳模，获得了五一劳动奖章。

一心为乘客，服务最光荣。

自1981年参加工作后，李素丽就把“全心全意为人民服务”作为自己的座右铭，在平凡的岗位上，真诚、热情地为乘客服务，被誉为“老人的拐杖，盲人的眼睛，外地人的向导，病人的护士，群众的贴心人”。她认真学习英语、哑语，并努力钻研心理学、语言学，利用业余时间走访、熟悉不同地理环境，潜心研究各种乘客心理和要求，有针对性地为不同乘客提供满意周到的服务，诠释着公交“一心为乘客，服务最光荣”的行业精神，赢得了广大乘客的尊重和爱戴。

袁隆平长期从事杂交水稻育种理论研究和种植技术实践。“文革”期间迫于政治压力，他和助手跑到云南进行水稻实验。有一次，当地发生了地震，为了不让实验中断，他们在旁边的泥水地里支起帐篷，铺上草席，粮食供应不足就拿甘蔗当饭吃，三个人口腔里都磨出了泡。经过5个月的辛勤劳动，他们在高产杂交水稻研究上取得了重大突破。

"草原水神"李国安。

1994 年，时任北京军区给水工程团团长的李国安，不顾腰椎管肿瘤手术后病弱的身体和医生的劝阻，围着一条 15 厘米宽的钢转腰，奔波 4 个多月，完成了 8000 里边防的详细水源分布调查和 22 万字的边疆水文地质调查报告，填补了这一领域空白。任团长 5 年，他率领给水团转战 160 万公里，打出的水，可解决 128 万城市人口用水。他们在被视为无水的沙漠戈壁找到了水，在北纬 40 度以北开创了我国冬季成井的先例，创造了我国水利史上的一系列奇迹。

吴斌是杭州长运客运公司的司机。一天中午，他驾车从无锡返回杭州。行驶至阳山路段时，一块大铁片突然从天而降，击穿挡风玻璃砸向他。面对突如其来的致命打击和后面惊慌的乘客，吴斌开始只是本能地用右手捂了一下腹部，他没有紧急刹车或猛打方向盘，而是强忍着疼痛把车缓缓减速，停靠在路边，回头对受惊吓的乘客说："别乱跑，注意安全。"乘客们见状，马上报警。他随后被送往无锡解放军 101 医院救治。次日凌晨，吴斌因伤势过重去世。

一锤定音。

铜锣铺里的老师傅已年近 70 了，还每天坚持掌锤。每到锣心的时候，老师傅就会使足力气打下最后一锤。原来，锣心的一锤与周边的锤法都不一样，最后锣心一锤是定音的，或清脆悠扬，或雄浑洪亮，都因这一锤而定。这一锤打好了，就是好锣。否则，这只锣就报废了。不论多么优质的铜料，不论剪裁的尺寸多么合理，也不论一开始打了多少锤，最后关头那恰到好处的重要一锤，才是一只锣制造成功的关键。

家風

爱国

■ 爱国是对于国家、民族的忠。在特定历史条件下，君主作为国家和民族整体利益的象征，也一直是忠的对象，忠君和爱国、利民之间很难完全分割开来。在新的历史条件下，继承和弘扬忠的道德，有助于培养我们对国家、民族、事业的忠诚感。这样，当国家、人民有需要的时候，就不会计较一己之得失，从而尽己之力去服务社会，造福人群。

第一谏士关龙逄。

祖国即“祖先以来所居之地”，是祖先和自己国籍共同所在的国家。公元前2700年前后，轩辕黄帝统一华夏部落，征服东夷、九黎族，成为远古时代华夏民族的共主。黄帝统一天下，奠定中华，肇造文明，惜物爱民，被后人尊为“中华人文始祖”。由此看，我们的祖国已有近五千年历史了。

夏的末代君主桀荒淫无耻，贤臣关龙逄冒死进谏，说道：“真正的君主，非常懂得爱民、节俭，对国家的财产绝对不敢随便浪费，因此国家能长久。现在你挥霍无度，杀人无数，人心已经散乱，这样下去国家很容易灭亡，希望你能好好改一改。”夏桀根本听不进去，派人把关龙逄囚禁起来，不久就把他杀了。夏桀杀害了关龙逄后，更加肆无忌惮，再也没人敢犯颜进谏了。这时，居住在东方的商族日益兴盛起来，首领商汤在谋臣伊尹的辅佐下，率师讨伐夏桀。夏桀的军队不堪一击，在鸣条一战中彻底溃败。夏桀逃奔安徽南巢，死于亭山。夏就这样灭亡了。孔子评价道：“夏桀如果能听关龙逄的劝告，也不至于那么快灭亡啊！”

殷之三仁。

商的末代君主纣是个暴君。纣王的叔父比干担任少师之职，相当于后世的丞相。他看到纣王越来越昏庸无道，叹着气说："国君暴虐成这个样子不去劝谏，那是不忠；为了怕死不敢说话，那是不勇。国君有过失就应该去劝谏，劝谏不听就要以死相争。"于是，比干就到纣王玩乐的地方摘星楼强谏，三日不肯离开。纣王问比干为什么不感到害怕，比干回答说："我是为了推行仁义，所以不害怕。"纣王大怒，说："我听说圣人之心有七窍，真是如此吗？"于是，命令手下杀了比干，把他的心挖出来看。比干死的时候六十四岁。后来，孔子把比干、箕子、微子称作"殷之三仁"。

周公是周朝的三代老臣，每天处理很多政务。继文王、武王之后，因成王年幼，他代行天子之政，征伐边民，诛讨管叔、蔡叔的叛乱，扶持成王接见诸侯朝拜。成王长大后，周公归政于成王，甘居北面而臣事天子。孔子说："周公能顺应时势，胜任三次天子的更替，做事行动从不自专自断，从未见骄狂自夸之色，可以说是一代忠臣了。"

孔子在鲁国担任大司寇时，毗邻的齐国担心鲁国的强大会威胁自己，打算用阴谋削弱鲁国。公元前 500 年，齐景公邀鲁定公前往夹谷进行会面。孔子对鲁定公说："诸侯越出自己的疆界，必定配备文武官员作为随从。臣认为齐国似乎不怀好意，请配备左右司马以防不测。"鲁定公听从了孔子的建议，带领军队一同前往。在双方会面中，齐国先安排莱夷族人手执兵器，鼓噪喧呼，想要劫持定公；后安排艺人侏儒演戏，意图羞辱鲁国。孔子大义凛然，对违反诸侯会面礼仪的行为进行严厉斥责。齐景公自知理亏，道歉并归还了以往侵占鲁国的土地，两国重修于好。孔子随机应变，以"礼"为武器进行斗争，以弱胜强，保全了鲁国的尊严。

冉求是孔子的得意门生，鲁哀公十一年（公元前 484），齐国进犯鲁国，季康子急忙找来冉求商量对策。季康子说道："敌军压境，危及社稷，先生有何高见？"冉求回答道："齐国派兵犯境，我们如果不派兵奋勇抵抗，您将以何面目列于诸侯？国君不必御驾亲征，请让我带兵出城背水一战！"季康子考虑再三最终同意了冉求的请求。两军对战之日，冉求身先士卒，越过鸿沟向敌人发起攻击，战士们深受鼓舞，奋勇向前，将敌人打得溃不成军，丢盔弃甲地逃走了。孔子赞扬道："冉求执干戈击退强敌，真是忠于社稷啊！"

晏子奉君。

孔子的嫡孙子思晚年做了鲁穆公的老师，为国家大事出谋划策。有一次，鲁穆公问子思："您认为怎样才算忠臣呢？"子思直言无忌地回答道："那些迎合君王的臣子，目的是为了得到利禄与爵位；只有真正持守道义，不慕名利，一心为国家着想的君子，才能经常指出您的过失，这样的人才称得上忠臣！"鲁穆公感叹道："心怀社稷，在君王面前敢于仗义执言的老师非您莫属啊！"

齐景公的宠臣梁丘据对晏子说："您侍奉过齐国的三代性格不同的君王，而且都能辅佐得得心应手，难道说仁人有许多心眼吗？"晏子回答："我听说，仁爱能使百家贵族归顺，强悍残暴却不能使一个平民信服。一颗心可以侍奉好百代的君主，三个心眼连一代君主都侍奉不好啊！"

屈原投江。

弦高是春秋时期的郑国商人。他在经商途中与秦国军队相遇，得知秦军要去袭击他的祖国郑国时，便一面派人急速回国报告敌情，一面伪装成郑国国君的特使，以十二头牛作为礼物，犒劳秦军。秦军以为郑国已经知道偷袭之事，只好班师返回。郑国避免了一次灭亡的命运。当郑国君主要奖赏弦高时，他却婉言谢绝："欺诈而能获赏，郑国的信用就要被废弃，仁爱之君是不会这样做的。"后来，弦高带领族人移居东夷之地，终身不再返回郑国。

战国末年，秦国派大将白起攻打楚国，攻下了楚国的国都。诗人屈原听到这个消息，伤心得放声大哭。这时，他已经是六十二岁的老人了。他知道楚国已经没有希望了，不愿意看到楚国被毁，土地、人民落在敌人手里，他要和楚国同存亡。五月初五那一天，屈原抱着一块大石头，跳到汨罗江里，以身殉国。

匈奴未灭，何以家为？

汉高祖刘邦晚年时曾经想废太子，向叔孙通征询意见。叔孙通劝谏道：“战国时期，晋献公废太子，致使晋国动乱几十年。前朝秦始皇不早立太子扶苏，才让赵高利用奸计拥立了胡亥，结果是自取灭亡！为了国家的安定千万不能废太子啊！”刘邦听了非常气愤地说道：“你不要拿秦事来恐吓我，从前百姓、官员、宗庙之事我都按照你的建议处理，大臣们议论为什么总要依着你呢？”叔孙通坚决地答道：“您如果一定要废长立幼，我宁愿先受一死，用我的一腔鲜血证明对社稷的赤诚之心！”刘邦沉默了一会之后自觉理亏，低头说道：“先生你是真心为社稷着想的，就听从你的意见吧！”

西汉著名将领霍去病十六岁从军，跟着舅舅卫青到边塞和入侵的匈奴人作战。他虽然年纪轻轻，却英勇善战，为驱除匈奴人立下了赫赫战功。为了表彰霍去病的战绩，汉武帝曾经想为他修建一座豪华的府第。霍去病拒绝了，他说：“匈奴未灭，何以家为？”在荣华富贵面前，霍去病不为所动，他念念不忘的是国家安危，最终病死在征战途中。

马革裹尸。

汉武帝时，苏武受朝廷派遣，出使匈奴，被单于扣留。单于派卫律等人对苏武威逼利诱，想迫使他投降，但是苏武毫不动摇。单于把苏武囚禁在大地窖里面，断绝食物供应。苏武躺在地上嚼雪，和着毡毛一起吞下充饥，几日不死。匈奴人以为他是神仙，把他流放到人迹罕至的贝加尔湖畔放牧公羊，说等到公羊生了小羊才让他回归汉朝。苏武被匈奴扣留十九年，受尽苦难，忠贞不屈，回到汉朝时头发胡须都白了。

东汉马援，一生忠心为国。他曾经说："男子汉大丈夫，应该战死沙场，然后用马皮裹着尸体入葬。怎么能够安稳地死在床上，死在儿女跟前呢？"语气非常激烈，人们佩服不已。马援六十二岁的时候，南方的武陵发生叛乱，他毅然率兵平叛。战争胜利了，马援死在了战场上。部下把他的尸体用马皮包好了运送到京城，皇帝命令给予厚葬，并追封他为"忠成侯"。马援以实际行动践履了"马革裹尸"的誓言。

闻鸡起舞。

祖逖和刘琨都是晋朝著名的将领，两人从少年时代就是好朋友。晋武帝太康十年（289）的一个冬夜，祖逖和刘琨合盖一床被子纵谈世事。两人预感到不久的将来会出现动乱局面，因此忧心忡忡，夜不能寐。半夜，祖逖被远处传来的鸡叫声惊醒。他踢醒刘琨，对他说："别人都认为半夜听见鸡叫不吉利，我偏不这样想，咱们干脆以后听见鸡叫就起床练剑，日后全力报效祖国，如何？"刘琨欣然同意。于是，每天鸡叫后他们就起床练剑，从不间断。后来，两人终于建功立业，成为国家的栋梁之材。

东晋光禄大夫虞潭的母亲孙氏恭顺贞和，很有德行。虞潭幼年时，父亲不幸战死沙场，孙氏一人将其抚养长大，她时常教导儿子要忠于国家。后来苏峻作乱，孙氏告诫儿子说："我听说忠臣良将源自孝子之门，你应该舍生取义，不要以我年老为拖累。"孙氏卖掉她所穿戴的环佩充当军资，并将家仆全部发动起来，让他们随虞潭征战，最终平息了叛乱。

魏征直谏。

唐太宗时期，魏征多次向唐太宗进言，很受赏识。有一次，魏征诚恳地对唐太宗说道：“希望陛下能让我做一个良臣，而不是一个忠臣。”唐太宗惊讶地说道：“爱卿怎么这么说，难道良臣和忠臣还有不同之处吗？”魏征答道：“当然是有区别的。古时圣君尧舜的臣子稷、皋陶等人就是良臣；暴君夏桀、商纣的臣子关龙逄、比干等就是忠臣。做良臣，君臣两全其美，子孙相传，国家长治久安；做忠臣，徒有空名，本人落难，君主落下残暴的名声，国家也难逃灭亡的命运啊！”唐太宗沉思良久，激动地说：“做良臣不做忠臣，先生说得对啊！”

唐代名臣魏征，深受儒家思想影响，本着“仁义”行事，心系天下苍生。他曾先后陈谏两百余次，劝诫唐太宗以史为鉴，励精图治，任贤纳谏，开启了一代盛世。魏征因病去世后，唐太宗非常难过，流着泪对身边的人说：“一个人拿着铜镜，可以照见自己的衣帽是否穿戴整齐；用历史作镜子，可以明白国家兴亡的原因；用人作镜子，可以发现自己身上的缺点。魏征就是我的一面镜子，他总是告诉我哪儿做得不对，以便我及时改正。现在他过世了，我从此失去了一面镜子啊！”

精忠报国。

唐朝时期，著名思想家孔颖达深得唐太宗赏识，被任命为太子的老师。他竭心尽力地教授太子知识和做人的道理，从不懈怠。无奈太子刚愎自用，成年后不遵守礼法规矩，整日贪求奢华，沉溺玩乐。孔颖达多次劝导无效后，冒着“违礼犯上”之罪，当面严厉地批评太子。同僚劝他说：“太子已经成人了，以后是要继承大业的，先生这样不顾他面子的直接批评，会给自己招来祸患啊！”孔颖达斩钉截铁地回答道：“君子身受国家厚恩，就应该恪尽职守，即使粉身碎骨，也在所不惜！”太子最终因为不纳忠言而遭废黜。

北宋末年，金人南侵，北宋处在生死存亡的关头。少年岳飞投军抗金。临行前，母亲把岳飞叫到跟前，在他的背上刺了“精忠报国”四个字。岳飞投军后，始终牢记母亲的教诲，多次打败金军。宗泽称赞他“智勇才艺，古良将不能过”。后来岳飞成为著名的英雄，被历代人民敬仰。

人生自古谁无死，留取丹心照汗青。

北宋末年，将军徐徽言在西北一线抗金，被围在一座孤城里。徐徽言估计支撑不下去了，就把守城的全部家当烧掉了。他手持宝剑，坐在大堂之上，慷慨激昂地对将士们说：“我是替天子守卫国土的大臣，要坚守气节而不能落入敌手受辱。”于是拔剑自杀，部下急忙救了他。城破后，金人以高官厚禄引诱他投降，他不为所动，最终被金人射杀。

南宋民族英雄文天祥，兵败后被俘，被元人囚禁了三年，多次严词拒绝敌人的劝降。元世祖知道文天祥始终不屈服，于是召文天祥入朝，对他说：“你有什么愿望？”文天祥回答说：“我受大宋恩泽，担任宰相，怎能臣事他姓之人呢？只愿赐死就满足了。”可是，元世祖还是不忍心杀文天祥，再次将他囚禁。后来有人建议尽早处死文天祥，元世祖同意了。文天祥临刑时向南方行了拜礼，而后从容受死。死时年仅四十七岁。

上疏直谏。

元兵南进，南宋文武官员拥着十一岁的端宗皇帝退到广州海面。不久，端宗受惊而死，大家打算各奔前程。大学士陆秀夫挺身而出："度宗皇帝还有一个儿子在这里，古人只有一旅一戌，还能中兴，现在百官都全，兵有数万，如果天不绝宋，岂有不能成国的呢！"在他的坚持下，逃亡朝廷以崖山作根据地，继续与元军作战。最后，宋军断粮多日，元兵发起猛攻，终于打进崖山。为了不做俘虏，陆秀夫背起幼主，毅然跳海，壮烈殉宋。

明朝著名思想家刘宗周为人正直，一身正气。他在朝廷担任礼部主事期间，宦官魏忠贤干预朝政，大多数臣子敢怒不敢言，有些甚至阿谀奉承，投靠阉党。刘宗周置个人生死于度外，毅然上疏直谏："魏忠贤诱惑皇上，嬉戏游乐荒废朝政；进谗言陷害忠良，将正直的大臣发配边疆；长此以往，他必将指鹿为马，控制国家大权。如今战事吃紧，怎能将国事交于宦官之手？请天子以社稷为重，重整朝纲，这样才不辜负天下苍生的殷切期望啊！"

郑成功收复台湾。

1624年，荷兰殖民主义者派兵侵占我国领土台湾。台湾人民数次英勇斗争，沉重地打击了侵略者的嚣张气焰。1661年，在东南沿海领导抗清斗争的郑成功，率领战船350多艘，将士25000多人，包围了台湾，经过9个月的激战，迫使荷兰总督签订投降书。荷兰总督带领残兵败将，灰溜溜地离开了台湾。

南明嗣唐王朱聿鐭是南明政权的皇帝。1647年底，清兵攻破广州，朱聿鐭逃到大臣王应华宅中躲避，后被清军搜捕，关在东察院。降将李成栋派人去给他送食物和水，朱聿鐭拒不接受，凛然道："如果喝了你一口水，我就无颜去见先帝！"当晚便趁守兵不备解下腰带，自缢而死。

抗击外敌。

1840 年，鸦片战争爆发。陈化成时任江南提督，镇守吴淞口西炮台。1842 年 6 月 16 日，英国侵略者的舰船驶进吴淞口，猛烈攻击西炮台。陈化成手执红旗指挥清军发炮还击。由于总督牛鉴临阵脱逃，加上清军武器落后，炮台最终还是被英军占领，陈化成也壮烈牺牲，时年 66 岁。

鸦片战争时期，清末民族英雄关天培担任广东水师提督，协助钦差大臣林则徐严禁鸦片走私，收缴鸦片。虎门销烟后，关天培亲督水师在虎门口外的穿鼻洋海面稽查，指挥水师击退英舰船的武装挑衅。道光二十年（1840）十二月，英舰开始进犯虎门，攻陷沙角、大角炮台。道光二十一年（1841）二月初六，英军出动舰船 18 艘，配以登陆部队，猛攻武山、上横档各炮台，关天培督靖远炮台守军顽强抗击，并亲燃大炮，对敌轰击。后被枪弹击中，壮烈殉国。

戊戌六君子。

清末维新派代表人物谭嗣同被捕之前，有外国公使劝他出洋避祸。谭嗣同笑着说："世界各国提倡革命，再造新国，没有不是从流血牺牲开始的。而我国从无为革命而流血的，这也许是革命不成功的原因吧。如有流血牺牲，请从我开始。"谭嗣同最终没有出国，后被清政府杀害。

戊戌变法失败后，六君子被逮捕。处斩之时，刘光第叹息说："我们这帮人死了，正气也就没有了。"康广仁对谭嗣同说："现在八股废除，今后人才辈出。我们死后，中国将越来越强大。"

一马一人。

在广东近代史上，不食英国人提供食物而死者，有一马一人。马是第一次鸦片战争时，广东沙角炮台守将陈连升的黄骝马。陈连升战死沙场后，黄骝马被英兵捕去，它不受喂养，日夜悲鸣，终于饿死。时人哀悼，称之为“义马”。人即是叶名琛，被称为“海上苏武”。1858年1月，叶名琛被英国人带离广州，后囚禁在印度加尔各答。他被俘期间，始终保持清朝官员的风度，不食“英粟”而最终饿死他乡。

左宗棠去世的时候曾留下遗言说：“这一次在越南与法国人的战争，是关系到中国未来强弱的关键之战。作为最高统帅，我没能大胜，扬我国威，实在是平生最大遗憾，令我死不瞑目。”

老革命家吴玉章年轻时东渡日本留学。当时正处清朝末年，中国积贫积弱，日本人看不起中国，辱华事件时有发生，很多中国人敢怒不敢言。1904 年的元旦，吴玉章所在学校悬挂万国旗时故意不挂中国国旗。为维护国家荣誉和民族尊严，吴玉章挺身而出，代表留日学生向学校当局提出严正抗议：要求学校当局立即向中国学生道歉并纠正错误，否则，就要罢课和绝食以示抗议。学校当局在中国爱国留学生的压力下，只得认错道歉。

清末革命家陈天华在日本留学时，听到清政府要同沙俄私订丧权辱国条约的消息后，悲愤欲绝，立即在留学生中召开拒俄大会，组织拒俄义勇军，准备回国参战。回到宿舍后，他咬破自己手指，以血指书写救国血书，在血书里陈述亡国的悲惨，当亡国奴的辛酸，鼓舞同胞起来战斗。他一连写了几十张，终因流血过多而晕倒，可嘴里还在不停地喊：“救国！救国！”别人把他救醒后，他坚持把血书一份一份装入信封，从万里迢迢的日本寄回国内，读到的人无不感动。

与妻书。

广州起义前夕，“黄花岗七十二烈士”之一的林觉民给父亲和妻子写了绝笔信。他对父亲说：“我死了，让大人吃苦，弟弟妹妹也无人照顾。然而我的死对全国同胞有用处。”他对妻子说：“我们有过甜蜜幸福的生活，正是为了让天下人都得到幸福，我才宁愿去家舍命，离开你，为天下人谋求永远的幸福！”几天后，林觉民在起义中被俘牺牲，死时才二十五岁。他为国舍家的情操，教育了一代代青少年。

1916年，二十岁的茅以升到美国留学，成为康奈尔大学桥梁专业的研究生，并很快以优异的成绩获得硕士学位。为了多实践，他白天上课晚上实习，终于成为一个既懂理论又有技术的人才。一份份聘书从美国各地寄来，但他不为所动，坚持回国。美国有些人劝他：“科学是超越国界的。科学家的贡献属于全人类。中国条件差，你留在美国贡献会更大。”茅以升回答：“科学虽然没有国界，但是科学家是有祖国的。我是一个中国人，我的祖国更需要我。我要回去为祖国服务！”1919年，茅以升带着一身本领回到国内，开始了为国造桥的事业。

1931年矢志抗日的吉鸿昌将军被蒋介石逼迫下野，到国外“考察实业”。有一次，吉鸿昌在美国要往国内邮寄衣物，邮局职员竟说世界上已经不存在中国了。吉鸿昌异常愤怒，刚要发作，陪同的使馆参赞劝道：“你为什么不说自己是日本人呢？只要说自己是日本人就可受到礼遇。”吉鸿昌当即怒斥：“你觉得当中国人丢脸吗？可我觉得当中国人光荣！”为抗议帝国主义者对中国人的歧视，维护民族尊严，他找来一块木牌，用英文仔细地在上面写上：“我是中国人！”

1937年，日本发动了全面侵华战争。国学大师梁漱溟心系民族安危，积极探索救国救民之道。1939年，在征得国共双方同意之后，他带着五六名学生走访了位于敌后游击区八个省份的五十多个县市，前后历时近一年时间。考察结束后，梁漱溟感慨地对朋友们说：“总结起来有三句话。第一句是老百姓真苦；第二句是敌人之势已衰；第三句是党派问题尖锐。”之后，他积极联系知名人士，先后发起并参与创立了“统一建国同志会”“中国民主政团同盟”等爱国团体，为实现国家独立和民族解放做出了不懈努力。

得意时清白乃心，失败后倔强到底。

抗战期间，日本人占领北平以后，想诱逼吴佩孚出山。吴佩孚撰长联表白爱国心迹，其联曰："得意时清白乃心，不纳妾，不积金钱，饮酒赋诗，犹是书生本色；失败后倔强到底，不出洋，不入租界，灌园抱瓮，真个解甲归田。"

刘眉生生于1904年，黄埔第5期学生，陆军第85师510团团长。与妻书曰："日寇凶残夺我疆土，戮我同胞，愿以七尺之躯，以报生我育我之故土，即令战死沙场，我之荣矣。"1937年10月，刘眉生率团参加忻口会战。10月28日，日军主力向其阵地发起猛攻。激战中，刘眉生身中数弹，壮烈殉国。国民政府追授他为陆军少将。

给了全中国人民以崇高伟大的模范。

1937 年 7 月 28 日，北平大战开始。北平城外的南苑，佟麟阁所在的第 29 军司令部遭受 40 余架敌机和 3000 人的机械化部队的猛烈轰炸。但是佟麟阁与第 132 师师长赵登禹仍然誓死坚守阵地，指挥第 29 军拼死抗击，战斗进行得十分激烈。随后他奉命向大红门转移，途中再次遭到日军包围，在组织部队突击时，他被机枪射中腿部，头部也再受重伤，最终因流血过多，壮烈殉国。毛泽东同志曾高度评价佟麟阁等国民党抗日将领，称赞他们“给了全中国人民以崇高伟大的模范”。

著名抗日英雄杨靖宇 21 岁时就参加革命，1940 年初，他被日军围困，身负重伤却依旧不肯投降。因为伤势太重，他连树皮都啃不动，只能将棉衣里的棉花和着冰雪吞下去充饥。日军劝降不成，便放乱枪，年仅 35 岁的杨靖宇壮烈牺牲。残忍的日军剖开他的遗体，当看到他的胃里只有野草和棉絮时，这些被杨靖宇带领的抗日联军弄得焦头烂额的侵略者全呆住了。在冰天雪地的长白山密林中，支撑着杨靖宇与敌人战斗的是对祖国的一腔热爱之情。

宁死不吃救济粮。

临刑前一天，东北抗日英雄赵一曼给儿子写了一封遗书，读来催人泪下：“母亲对于你没有能尽到教育的责任，实在是遗憾的事情。母亲因为坚决地做了反满抗日的斗争，今天已经到了牺牲的前夕了。母亲和你在生前是永久没有再见的机会了。希望你，宁儿啊！赶快成人，来安慰你地下的母亲！我最亲爱的孩子啊！母亲不用千言万语来教育你，就用实际行动来教育你。在你长大成人之后，希望不要忘记你的母亲是为国而牺牲的！”

朱自清是我国著名的文学家。抗日战争结束后，物品奇缺，物价飞涨，很多人在饥饿和死亡线上挣扎。人民对美国和国民党政府十分不满，反抗的呼声越来越高。美国为了支持蒋介石，运来一些面粉，说要“救济”中国人，好让中国人“感谢”美国。朱自清看透了美国的用心，认为美国的救济是对中国人的侮辱。当时，朱自清正患严重的胃病，身体非常瘦弱，经常呕吐，甚至整夜不能入睡。可是为了维护中国的尊严，他坚决拒绝那些别有用心的“赏赐”。两个月后，朱自清因贫病交加，不幸去世。他宁肯饿死，也不肯领带侮辱性的“救济”，表现了一个中国人应有的尊严。

陈嘉庚与厦门大学。

国民党元老于右任在台湾的时候，没有一天不思念大陆。临死之前，做《国殇》，其诗云："葬我于高山之上兮，望我大陆。大陆不可见兮，只有痛哭。葬我于高山之上兮，望我故乡。故乡不可见兮，永不能忘！天苍苍，野茫茫，山之上，国有殇。"

著名爱国华侨领袖陈嘉庚，出生在福建一个普通商人家庭。他早年随父去南洋经商，家资万贯，身居海外的他念念不忘祖国。早在青年时期，他就决心献身报国，辛亥革命中他先后捐款 20 多万元。革命失败后，他认为只有提高国民素质，才能挽救劳苦大众于水火，因此大力兴办教育。他在家乡办了许多学校，并于 1921 年创办了厦门大学。仅 1921 年到 1937 年这 16 年中，他就负担了厦门大学的开办及各项开支达 400 万元。即使在他的公司已经被迫停业、经济相当困难的情况下，他仍向银行借款，来维持学校的生存。他逝世前将国内存款共 300 多万元，全部捐献给国家，用作发展教育事业。毛泽东曾赞誉他是"华侨旗帜、民族光辉"。

两弹元勋。

1958 年，年轻的邓稼先被选为原子弹的主要研制者之一。他深感自己责任重大，说："为了完成这项任务，死了也值得。"研制工作开始后，人们再也看不到他的身影，一切抛头露面的事他都不参加，连妻子也不知道他在哪里工作，做什么。长期艰苦工作损害了邓稼先的身体。1986 年，他患癌症病逝。一直到报上发布了他去世的消息，全国人民才知道邓稼先这个名字。他不图个人的名和利，舍弃了个人的幸福，几十年默默无闻地为国家大业奋斗，却从不后悔。临终前，他欣慰地说："我可以瞑目了。"